O AMOR
COMO ESTILO DE
VIDA

GARY CHAPMAN

O AMOR COMO ESTILO DE VIDA

SEXTANTE

Título original: *Love as a Way of Life*

Publicado em acordo com The Doubleday Broadway Publishing Group, uma divisão da Random House, Inc.

tradução
Maria de Fátima Oliva do Coutto
preparo de originais
Regina da Veiga Pereira
revisão
Ana Grillo
Hermínia Totti
projeto gráfico e diagramação
Valéria Teixeira
capa
Miriam Lerner
impressão e acabamento
Yangraf Gráfica e Editora Ltda.

CIP-BRASIL. CATALOGAÇÃO-NA-FONTE
SINDICATO NACIONAL DOS EDITORES DE LIVROS, RJ

C432a Chapman, Gary, 1938-
O amor como estilo de vida / Gary Chapman [tradução de Maria de Fátima Oliva do Coutto].
– Rio de Janeiro: Sextante, 2009.

Tradução de: Love as a way of life
ISBN 978-85-7542-507-7

1. Amor - Aspectos religiosos – Cristianismo. 2. Relações humanas – Aspectos religiosos – Cristianismo. I. Título.

CDD 248.4
09-3335 CDU 248.4

GMT Editores Ltda.
Rua Voluntários da Pátria, 45 – Gr. 1.404 – Botafogo
22270-000 – Rio de Janeiro – RJ
Tel.: (21) 2286-9944 – Fax: (21) 2286-9244
E-mail: atendimento@esextante.com.br
www.sextante.com.br

Para Daisy Grace, Elliott Isaac e

seus descendentes,

orando para que obtenham êxito

em criar um mundo

no qual o amor seja um estilo de vida.

Sumário

Introdução

Minha filha, Shelley, e eu embarcamos no avião em Phoenix, contentes por termos conseguido um upgrade para a primeira classe. Mas, como ficamos em assentos separados, e o avião estava lotado, torci para que alguém se dispusesse a trocar de lugar, e pudéssemos ficar juntos nas quatro horas de voo.

Shelley perguntou ao homem ao seu lado:

– O senhor se importaria de mudar de lugar para eu poder sentar com meu pai?

– Ele está num assento do corredor? – perguntou o homem.

– Não, da janela.

– Não posso – ele respondeu. – Não gosto de passar por cima das pessoas quando quero sair.

– Entendo – respondeu Shelley, sentando-se.

Voltei-me para meu vizinho de assento e perguntei:

– O senhor se importaria em trocar de lugar para que eu pudesse ficar junto de minha filha?

– Com o maior prazer – ele respondeu com um sorriso.

Mais tarde, refleti sobre esse incidente. O que teria levado às duas respostas diferentes? Apesar de parecerem da mesma faixa etária, e de estarem vestidos de maneira formal, um dos homens se aferrara ao seu assento, enquanto o outro, espontaneamente, abrira mão do seu para atender ao nosso desejo.

Qual seria a razão dos comportamentos diferentes? Qual seria a história deles? Como teria sido a relação de cada um com seus respectivos pais? Será que um aprendera a dividir e a ajudar as pessoas, enquanto o outro fora induzido a pensar só em si mesmo? Teria um deles o gene da capacidade de amar, e o outro não?

Durante décadas observei eventos semelhantes, em maior ou menor escala, e sempre me questionei: Qual a diferença entre as pessoas capazes de amar e as que raramente demonstram uma atitude de preocupação e cuidado em relação aos outros? Quais as características das pessoas capazes de amar? Como se desenvolvem esses traços de caráter?

No último ano, tentando responder a essas perguntas, viajei pelo país observando comportamentos, entrevistando pessoas, lendo pesquisas e estudando ensinamentos e práticas religiosas. Usei também o que aprendi nos meus 35 anos de experiência como conselheiro matrimonial e familiar.

Ao longo desse estudo sobre o amor, listei o que acredito serem as sete características das pessoas capazes de amar:

- Gentileza
- Paciência
- Capacidade de perdoar
- Cortesia
- Humildade
- Generosidade
- Honestidade

Não se trata de sentimentos vagos ou de boas intenções. Essas características são hábitos que, por várias razões, aprendemos a praticar no decorrer da vida. Mesmo aqueles que não tiveram esses exemplos em sua formação podem, como adultos, tornar-se pessoas verdadeiramente capazes de amar. São traços básicos, práticos, que podem ser exercidos no dia a dia. E o resultado é incrível: satisfação e alegria nos relacionamentos em todas as áreas da vida.

O amor tem muitos aspectos. É como um diamante com várias

facetas, cada uma com sua beleza própria. Quando reunidas, as sete características-chave do amor fazem com que uma pessoa seja capaz de amar autenticamente. Cada traço é essencial. Se algum deles falta em seus relacionamentos, você está perdendo algo significativo.

Acredito que esses traços sejam responsáveis não apenas pelos relacionamentos bem-sucedidos, como pelo sucesso na vida em geral. Porque a única maneira de encontrar a verdadeira realização é através do amor.

Como usar este livro

Em *O amor como estilo de vida*, você vai conhecer muitas histórias de pessoas que descobriram – ou estão tentando descobrir – a alegria de viver no amor. Também encontrará ideias práticas de como desenvolver as características amorosas em sua vida. Sugiro que leia com calma, explorando cada faceta do amor nos vários tipos de relacionamento em sua vida. Note que cada capítulo inclui os seguintes elementos:

- ***Questionário.*** Um teste simples vai ajudá-lo a descobrir como cada um dos setes traços das pessoas capazes de amar se manifesta em sua vida. Faça o teste antes de ler o capítulo.

- ***Uma nova definição.*** No início de cada capítulo, dou minha definição de como determinado traço de caráter se apresenta no contexto do amor autêntico.

- ***Hábitos a adquirir.*** Como cada um dos sete traços das pessoas capazes de amar passa a ser um hábito, aprendemos a usá-los no dia a dia adotando pequenas atitudes. Você encontrará ideias para tornar o conceito de amor autêntico uma realidade em sua vida.

- *Opositores.* Nenhum livro sobre o amor seria necessário se não precisássemos superar emoções, limitações e problemas em nossos relacionamentos. Como cada um dos sete traços de caráter tem muitos opositores ou inimigos, examinarei o que pode estar trabalhando contra o desenvolvimento de um determinado traço no seu dia a dia. Quando estamos alerta para aquilo que conspira contra o amor, nos tornamos mais capazes de dominar o opositor.

- *Como seria seu relacionamento se...* Em minha própria vida, descobri que pensar em como as coisas deveriam ser e depois tentar transformar os sonhos em realidade é de grande ajuda. Esta seção, no final de cada capítulo, vai fazê-lo perceber como seus relacionamentos poderiam ser se você fizesse algumas mudanças, mesmo pequenas, no modo de se relacionar com os outros.

O amor como estilo de vida é para todos os que desejam ter melhores relacionamentos e sucesso na vida. Ações amorosas são capazes de transformar o mundo e trazem enorme satisfação para quem as realiza.

Acredito que o amor está na essência de todos nós, e sonho com uma sociedade onde servir ao próximo seja um movimento normal e espontâneo, e onde as crianças cresçam num clima de afeto e respeito. Quando descobrirmos a realização e a alegria que o amor autêntico nos traz, o sonho deixará de ser impossível. É, na realidade, um sonho ao alcance de cada um de nós.

PARTE 1

Por que queremos amar

Capítulo 1

A satisfação de uma vida amorosa

Uma das belas compensações da vida é que
nenhum ser humano pode sinceramente tentar
ajudar o outro sem ajudar a si mesmo.

– Ralph Waldo Emerson

Você é uma pessoa com múltiplos relacionamentos que vão desde vizinhos, colegas de trabalho, filhos, cônjuge, pais, irmãos e amigos, até o caixa do supermercado, o bombeiro que veio consertar o encanamento e mesmo a mulher que ligou durante o jantar para pedir que você respondesse a uma "rápida pesquisa", embora ela não estivesse "vendendo nada". Na verdade, você estabelece algum tipo de relacionamento com cada pessoa com quem interage diariamente.

Se você é como a maioria das pessoas, deseja ter os melhores relacionamentos possíveis. E também, como a maioria, descobriu como os relacionamentos podem ser difíceis, até com os mais próximos e queridos.

Quando um relacionamento entra em crise, você se sente perdido. Se o amor é tão importante em sua vida e você sabe que ama alguém, por que a relação pode causar tanto sofrimento?

O verdadeiro sucesso

Em meu consultório de aconselhamento, centenas de pessoas compartilham histórias de relacionamentos desfeitos e sonhos destruídos. Na semana passada, um homem me disse: "Nunca pensei que estaria assim aos 42 anos. Tive dois casamentos fracassados, mal vejo meus filhos, e minha vida não tem sentido."

A maioria de nós entra na idade adulta com altas aspirações. Esperamos trabalhar duro, ganhar dinheiro, formar famílias felizes e usufruir as coisas boas da vida. Para muitos, esses sonhos rapidamente se transformam em pesadelo. A mensagem de esperança que venho tentando compartilhar em meu consultório ao longo dos anos é que há sempre uma chance de mudar. Sempre. Se você não está satisfeito agora, hoje é o dia de começar a mudar sua vida rumo à direção desejada.

O que é o sucesso verdadeiro? Há muitas respostas diferentes: dinheiro, status, fama, estabilidade. São todas buscas legítimas, mas a experiência de muitos anos lidando com vários tipos de pessoas me convenceu de que o segredo do sucesso é descobrir o poder de amar o próximo, e no exercício desse amor contribuir para "deixar seu canto do mundo melhor do que o encontrou". Esse "canto" pode ser um bairro, uma cidade, um país, ou mesmo a casa onde você vive com a família. Seja qual for a sua esfera de influência, quando você procura enriquecer a vida dos outros, obtém a mais satisfatória forma de sucesso.

A verdade é: *você foi feito para relacionar-se com amor*. Não há nada que realize mais plenamente o ser humano do que isso. No tumulto em que vivemos, bombardeados por mensagens que exaltam a competição e reduzem as pessoas a grandes consumidoras de bens materiais, minha esperança é que este livro promova a descoberta que irá transformar a sua vida. Acredite em mim, há anos de experiência por trás dessa afirmação.

Quando se busca enriquecer a vida dos outros,
encontra-se a mais satisfatória forma de sucesso.

Por que outro livro sobre o amor?

Sei que existem milhares de artigos e livros sobre o amor. O que constatei é que a maioria se concentra em "conseguir o amor que se deseja". Receber amor é uma linda consequência do amor que se dá aos outros, mas a pura alegria do amor vem, sobretudo, da atitude amorosa que adotamos, mesmo quando não recebemos nada em troca.

Há mais de uma década escrevi um livro sobre como expressar amor em nossos relacionamentos. *As cinco linguagens do amor* vendeu mais de quatro milhões de exemplares nos Estados Unidos e foi traduzido em 35 idiomas.

Em *As cinco linguagens do amor*, abordei as cinco principais maneiras de demonstrar e receber amor:

- Palavras de afirmação
- Tempo de qualidade
- Presentes
- Atos de serviço
- Toque físico

O retorno dos leitores foi extremamente encorajador. Milhares escreveram para dizer: "Obrigado por me ajudar a fazer o que sempre quis: amar bem os outros."

Os sete traços das pessoas capazes de amar não são um complemento às cinco linguagens do amor: são o *fundamento* para cada uma das linguagens. Para amar efetivamente em qualquer relacionamento, precisamos usar esses sete hábitos para cultivar uma atitude de amor nos relacionamentos mais simples e corriqueiros.

Meu trabalho com pessoas idosas reforçou minha convicção. Constatei que as mais satisfeitas eram aquelas que investiram suas vidas na doação do amor. Tanto podem ser pessoas muito ricas e famosas, quanto simples desconhecidos que vivem com parcos recursos. O que lhes traz serenidade e contentamento é a consciência de terem se empenhado em tornar, no limite de suas possibilidades, o mundo um lugar melhor. Você está em plena construção de sua vida. É tempo de investir na busca dessa alegria profunda e desse sentido de realização que só o exercício concreto do amor pode trazer. Como alguém já disse, todos amam uma pessoa capaz de amar. A vida egocêntrica nos leva à solidão e ao vazio. O amor como estilo de vida leva à mais profunda satisfação possível.

O significado do amor autêntico

O significado da palavra *amor* é frequentemente confuso, pois ela é usada de vários modos distintos. Todos os dias ouvimos pessoas dizerem: "Eu amo a praia. Eu amo as montanhas. Eu amo Nova York. Eu amo meu cachorro. Eu amo meu carro novo. Eu amo minha mãe." Num encontro romântico, você ouvirá: "Eu te amo!" Imagine só! As pessoas chegam a falar em "morrer de amor" por alguém.

O amor não é uma emoção que nos domina e que depende das ações dos outros. O *amor autêntico* é algo que parte de dentro de nós, mas que *só se realiza de fato através de nossas atitudes e ações.* Se pensarmos no amor como um sentimento, ficaremos frustrados quando não pudermos despertá-lo em alguém. Mas quando descobrirmos que *o amor é basicamente uma ação*, estaremos prontos para usar as ferramentas em nosso poder para amar melhor.

> O amor autêntico faz aflorar nosso verdadeiro eu,
> a pessoa na qual queremos nos transformar.

A beleza do amor autêntico

É o amor autêntico que nos faz ouvir um colega de trabalho deprimido, que nos faz comparecer a uma comemoração na escola dos filhos, que nos leva a doar dinheiro a uma instituição de caridade, a cumprimentar o gari que varre a rua, a dizer uma palavra carinhosa ao cônjuge, ou a limpar a cozinha depois de um longo dia de trabalho.

O amor autêntico pode ser tão forte quanto o tipo de amor que motiva pessoas como Ruby Jones, de Nova Orleans. A enfermeira de 67 anos deu apoio a oito pacientes terminais no hospital onde trabalhava, enquanto o furacão Katrina assolava a cidade. "Não tente ser a Supermulher", disseram seus filhos tentando dissuadi-la. Mas Ruby escolheu ficar ao lado dos doentes. Quando a tempestade quebrou janelas e escancarou portas, ela lhes disse: "Não se preocupem, isso vai passar, e nós estamos aqui para protegê-los." Quando foi embora, cinco dias depois, estava exausta e faminta, mas o amor pelos pacientes a ajudara a manter sua promessa.

Recentemente, visitei uma mulher de 52 anos, mãe de cinco filhos, que sofria de câncer em fase terminal. Acompanhei sua vida ao longo de alguns anos, e a considero uma das pessoas com maior capacidade de amar que jamais conheci. Ela encarava a morte com realismo e de forma positiva. Não esquecerei o que me disse: "Ensinei meus filhos a viver. Agora quero ensiná-los a morrer." O amor autêntico vê mesmo a morte como uma oportunidade de se doar aos outros, e amá-los dessa maneira.

Escolhendo amar

Aqueles que levam uma vida de amor também enfrentam dificuldades. Se lhe disserem que o amor amenizará todos os seus problemas, estarão iludindo-o. A história mostra que muitas pessoas amorosas enfrentaram terríveis calamidades e chegaram a ser perseguidas por pregar uma vida de amor.

Como pode alguém suportar tamanha dor e ainda aspirar a uma vida voltada para o amor? Porque às vezes é em meio à dificuldade que encontramos nossas maiores oportunidades de experimentar e compartilhar o amor. É lindo perceber naqueles que levam uma vida plena que eles não dependem das circunstâncias externas para sua satisfação. Encontram alegria na escolha de amar os outros, mesmo que não recebam nada em troca e que as circunstâncias não sigam o rumo desejado.

O amor é essencialmente uma atitude que revela: "Eu decido dedicar minha vida a ajudar os outros."

Amor radical

Quando amamos autenticamente, percebemos como o amor verdadeiro pode ser radical. Ele é capaz até de transformar uma superpotência. Os cristãos, nos primeiros séculos, desafiaram uma cultura decadente e egocêntrica. Começaram expressando amor por meio de pequenos gestos, dividindo entre si bens e comida, e demonstrando compaixão por mulheres, crianças e pessoas então marginalizadas. A cultura decadente e sedenta de poder do Império Romano acabou aceitando a nova seita, em grande parte graças ao que diziam os que observavam os cristãos: "Vejam como eles se amam!"

Servir ao próximo parece conflitar com os valores pragmáticos e mercantilistas de nossa cultura. Podemos não nos adequar ao mundo à nossa volta quando nos propomos a amar ao próximo, mas o amor autêntico nos dá a oportunidade de descobrir um prazer mais profundo do que qualquer bem que a sociedade é capaz de nos oferecer.

Uma questão de sobrevivência

Tudo isso pode soar muito bonito, mas que chance tem o amor num mundo em constante conflito? A mídia nos mostra diariamente relatos de desumanidade, movidos por cobiça ou mesmo perpetrados em nome da religião. Parecemos ter perdido a significativa arte do diálogo. Políticos e líderes religiosos agridem-se mutuamente, e poucas vezes se mostram dispostos a escutar o que os outros têm a dizer.

Cada vez mais acredito que *o amor é a nossa única chance.* Se pudermos nos respeitar como semelhantes que precisam uns dos outros e que decidem dedicar-se à criação do bem-estar comum, o potencial para o bem é ilimitado. Se fracassarmos nessa realização, perderemos nossa dignidade e usaremos os avanços tecnológicos para nos destruir. Se quisermos solucionar os problemas em nossa sociedade global, precisamos do respeito e do diálogo significativos que brotam do amor.

Será que recolher donativos para os desabrigados, levar a filha ao parque, ou ajudar alguém a trocar o pneu do carro realmente fará diferença no mundo? A resposta é um decisivo "sim". Podemos ter ideias sublimes sobre o significado do amor, como fazer grandes sacrifícios ou mesmo dar nossas vidas, mas o amor começa pelos pequenos gestos anônimos. Por que estaremos dispostos a morrer por alguém, se nem mesmo conseguimos lhe estender a mão num humilde gesto de ajuda?

Se todos nos tornarmos pessoas verdadeiramente capazes de amar, poderemos fazer diferença num mundo de egoísmo e desordem. Volto a repetir: *o amor é a nossa única esperança de sobrevivência.*

Se você realmente quer amar alguém, comece com pequenos gestos.

Como posso crescer por meio do amor?

É preciso ficar bem claro: é necessário esforçar-se para se tornar uma pessoa capaz de amar. Há uma parte nossa que resiste ao desejo de amar autenticamente.

Chamo essa parte de nosso "falso eu". O egocentrismo desse

falso eu é tão predominante que se tornou um modo de ser para muitos. É por isso que nos sentimos tão atraídos por pessoas capazes de amar plenamente, como as que conheceremos neste livro. São pessoas que só encontram satisfação na generosidade dos relacionamentos amorosos. Estejamos ou não conscientes disso, quando agimos sem amor, estamos traindo a essência da nossa identidade fundamental.

Quando tomamos a decisão de amar autenticamente, nosso desejo de crescer por meio do amor e mostrar nosso verdadeiro eu começa a fluir com mais naturalidade. Nosso papel consiste em, todos os dias, abrir o coração e a mente para receber amor e buscar oportunidades de dividi-lo com os demais. Quanto mais agirmos assim, mais facilmente amaremos o próximo.

O poder do amor autêntico

O político Lee Atwater é um exemplo de pessoa que foi transformada pelo amor.

Nos anos 1980, era um bem-sucedido coordenador de campanhas do Partido Republicano. Sua tática era arruinar a reputação dos inimigos políticos divulgando histórias difamantes na mídia. No auge da carreira, recebeu o diagnóstico de uma doença fatal. Antes de morrer, entrou em contato com as pessoas que havia atacado, pedindo perdão e expressando tristeza por sua atitude.

Uma dessas pessoas foi um democrata cuja vida política quase fora destruída quando Atwater revelou um episódio de seu passado. Atwater escreveu-lhe dizendo: "É muito importante para mim fazê-lo saber que, de tudo o que aconteceu em minha carreira, um dos pontos de que mais me arrependo é [o relato de tal episódio]."

O político democrata emocionou-se muito com o pedido de desculpas. Compareceu ao funeral e declarou: "Espero que os jovens coordenadores de campanhas, propensos a copiar as táticas intimidadoras e difamatórias de Atwater, percebam que ele, diante da morte, tornou-se um defensor da política do amor e da reconciliação."

Atwater nos faz pensar na alegria que surge quando escolhemos agir de acordo com nosso verdadeiro eu e expressar o amor autêntico.

Minha esperança é que você também, ao trilhar o caminho do amor verdadeiro, tenha a satisfação de constatar mudanças em suas atitudes e comportamentos. À medida que for se transformando, você experimentará uma tal alegria, que nunca mais aceitará um estilo de vida egocêntrico. Construir relacionamentos amorosos se tornará tão habitual em seu cotidiano, que será impossível pensar na época em que você agia de forma diferente.

Personalizando

Está pronto para a jornada? Em caso afirmativo, então talvez queira assinar o seguinte compromisso:

"Eu me comprometo a acolher com calma e atenção as sete características do amor discutidas neste livro. Procurarei cultivar em meu coração o amor ao próximo. Quero amar os outros, assim como também mereço ser amado."

Nome ______________________________ Data ____________

1. O que é o sucesso para você? O que você faz atualmente para alcançar esse sucesso?
2. De que maneira, no momento, você expressa amor aos outros?
3. É capaz de se lembrar de um ato de amor específico realizado na semana passada? Como se sente a respeito dele?
4. Das sete características das pessoas capazes de amar – gentileza, paciência, capacidade de perdoar, cortesia, humildade, generosidade e honestidade – qual brota mais naturalmente de você no momento? Qual a mais desafiadora?

PARTE 2

OS SETE SEGREDOS DO AMOR

Capítulo 2

Gentileza

Descobrir a alegria de ajudar o próximo

Nenhum gesto de gentileza, por menor que seja, é vão.

– Esopo

"Sinto isso por pessoas abandonadas", diz Sylvia. "Quando o vi chegar naquele primeiro dia, fiz um esforço especial para cumprimentá-lo. Ele estava imundo, e eu tive muita vontade de ajudá-lo."

Com cerca de 50 anos, James passou uma boa parte da vida dormindo e bebendo. Era um sem-teto que passava a noite com um pequeno grupo de amigos no parque da cidade. Começou a trabalhar no mesmo escritório de Sylvia depois que um casal dedicado à comunidade dos sem-teto o ajudou a encontrar um emprego.

Sylvia, uma avó cheia de energia que trabalha como recepcionista em meio expediente, decidiu cuidar de James sempre que estivesse no escritório. Ele lhe contou sobre a sua família e o passado. Acabaram ficando amigos.

Quando James disse que viajaria para o Novo México por um tempo, ela ficou na dúvida se tornaria a vê-lo. Quatro meses depois, ao voltar, ele contou que estava com câncer. Tinha ido se despedir da mãe, mas ela se recusara a recebê-lo. Assustado e sozinho, James voltou à cidade e, com a ajuda do governo, foi internado numa casa de repouso.

Como ninguém ia vê-lo, Sylvia passou a visitá-lo regularmente. Conversavam sobre suas lembranças da infância e discutiam abertamente sobre seus medos e expectativas em relação à morte. Ao longo dos meses, Sylvia viu o corpo dele deteriorar, enquanto a dor aumentava. Segurava sua mão e cantava para ele. Quando James morreu, Sylvia era a única pessoa presente.

"Foi uma atitude natural para mim", ela diz. "Fiquei tocada pela solidão e carência daquele homem. Ajudá-lo e confortá-lo me fez muito bem."

Gentileza significa reconhecer e acolher com afeto as necessidades de alguém. Significa enxergar o valor de cada pessoa que encontramos. É um traço muito mais simples e poderoso do que pensamos, e identifica aqueles que são capazes de amar.

Tenho o hábito de ser gentil?

Ao responder ao teste a seguir, pense nas suas palavras e gestos mais comuns. Logo verá que a melhor opção para cada pergunta é a "c". Mas é importante responder com a maior sinceridade para tirar o melhor proveito possível do trabalho.

1. Quando estou num lugar público, como uma loja de roupas, eu...
   a. Sou ríspido com quem me atrapalha ou não me atende direito.
   b. Tento falar com o menor número de pessoas possível.
   c. Aproveito qualquer oportunidade para sorrir para alguém.

2. Quando ajudar alguém envolve sacrifício de tempo, dinheiro ou comodidade, eu...
   a. Ponho de lado a ideia sem considerá-la seriamente.
   b. Sinto-me disposto a fazer sacrifícios, se tiver certeza de que receberei algo em troca.
   c. Considero que o sacrifício vale a pena e tento fazer o melhor possível.

3. Quando alguém é grosseiro comigo, eu...
   a. Reajo com agressividade.

b. Tento evitar a pessoa o máximo possível.
c. Procuro um modo de ser gentil com ela.

4. Quando ouço comentários sobre alguém que se dedica a obras sociais num sábado à tarde, eu...
   a. Torço para que não peçam minha participação, pensando que essa pessoa tem uma agenda menos sobrecarregada do que a minha.
   b. Sinto-me culpado por não participar.
   c. Reflito sobre como poderia fazer algo semelhante.

5. Quando vejo alguém que se veste ou se comporta de modo diferente do meu, eu...
   a. Sinto-me superior a ele.
   b. Tento evitá-lo, pois ele me incomoda.
   c. Tento me aproximar de alguma forma para vencer o preconceito e acolhê-lo.

A chave do amor

Na infância, meus amigos e eu aprendemos, com os ensinamentos da Bíblia, que devíamos ser gentis uns com os outros. Mas nem todas as crianças da catequese eram gentis. Algumas bem que tentavam, mas assim que alguém pegava seus brinquedos ou estragava seus desenhos, reagiam com agressividade. De modo geral, as crianças com quem cresci eram gentis com as que as tratavam bem e grosseiras com as que as tratavam mal.

Observo que os adultos não são muito diferentes. Um marido é gentil com a mulher quando ela é gentil com ele. Ajuda-a nas tarefas domésticas e fala carinhosamente quando se sente bem tratado.

Parece bem difícil ser gentil diante da injustiça e dos maus-tratos. Um marido compartilhou sua experiência: "Eu fui muito hostil com minha mulher, ridicularizando o que ela dizia e desqualificando seus argumentos num tom de voz áspero. Ela saiu da sala, e eu voltei a assistir ao jogo na TV. Trinta minutos depois, minha mulher entrou trazendo uma bandeja com um sanduíche, batatas fritas e Coca-Cola. Colocou-a no meu colo, beijou-me o rosto e disse: 'Eu te amo.' Fiquei perplexo e desconcertado, sentindo-me um idiota. Sua gentileza me emocionou. Pus de lado a bandeja, fui até a cozinha e pedi desculpas." Essa mulher demonstrou a gentileza do amor autêntico e assim mudou o coração do marido.

Fazer da gentileza um estilo de vida traz grande satisfação, não apenas para os outros, mas para você mesmo. Quando escolhemos ser gentis, apesar das circunstâncias, percebemos a transformação que nossa atitude opera.

GENTILEZA: a alegria de atender às necessidades
de alguém antes das suas, em benefício do relacionamento.

O grande impacto das pequenas gentilezas

Quatro mulheres numa mesa de canto numa lanchonete riam e conversavam. Ao entrar, fizeram um depósito no caixa para pagar todos os cafés que os clientes consumissem. Divertiam-se ao ver o ar de espanto e satisfação das pessoas quando lhes diziam que o café naquele dia era grátis.

Essas mesmas mulheres passaram uma manhã fria de sábado distribuindo chocolate quente a crianças e pais num jogo de futebol da escola. Plantaram dúzias de amores-perfeitos em vasinhos e os distribuíram a residentes de um abrigo para idosos. Quando a amiga Marcy recebeu o diagnóstico de artrite reumatoide, contrataram alguém para limpar sua casa uma vez por mês, para que ela pudesse gastar suas energias com os filhos adolescentes.

O que mais me surpreende nesse grupo de mulheres não é apenas o compromisso de agir de maneira gentil nos lugares mais estranhos, mas o prazer em ser gentil. Elas sabem quanto são gratificantes os gestos de amor.

HÁBITOS A ADQUIRIR

Preste atenção no modo como as pessoas à sua volta são gentis com você e com os outros. Observe como a gentileza transforma encontros ou relacionamentos.

Um dos meios de aprender a expressar atos de gentileza é *observar* atos de gentileza. Normalmente, sobretudo em família, nós os aceitamos sem dar maior atenção. A mãe cozinha, o pai coloca os pratos na máquina de lavar, e esses importantes atos de gentileza parecem extremamente naturais. Alguém lava a roupa, esfrega o chão, limpa a casa e corta a grama. Esses atos podem ser automáticos e rotineiros, mas podem ser também a maneira de um cônjuge expressar amor. Alguém os reconhece como expressões de amor?

Um conhecido meu decidiu registrar por escrito as gentilezas percebidas durante um dia:

- Quando não acordei com o despertador, minha mulher me chamou delicadamente para que eu não chegasse atrasado ao trabalho.
- Quando dirigia, um carro passou ao meu lado e o motorista, sorrindo, fez sinal de que a porta estava aberta.
- Quando cheguei ao escritório, minha assistente já ligara o meu computador.
- Um colega trouxe café para mim.
- Entrei sozinho no restaurante, e dois rapazes do outro departamento convidaram-me para sentar com eles.

- À tarde, recebi um e-mail de um de nossos clientes, agradecendo pela rapidez com que seu pedido fora atendido. (É raro receber um e-mail assim.)
- Ao sair do prédio do escritório, um segurança abriu a porta para mim e desejou-me boa-noite.
- Ao sair do estacionamento para entrar na rua, uma mulher em outro carro me deu passagem.
- Ao chegar em casa, nosso cachorro correu até o carro, abanando o rabo.
- Quando entrei, minha mulher veio ao meu encontro e me deu um beijo e um abraço.
- Minha mulher preparou o jantar. Retribuí a gentileza ajudando-a a levar as travessas para a mesa e, depois de comermos, colocando os pratos na máquina de lavar louça.
- Depois do jantar, minha mulher se ofereceu para levar o cachorro para passear enquanto eu dava uma olhada nos meus e-mails.
- Minha mulher me fez companhia enquanto eu assistia ao jornal.
- Mais tarde ela me acompanhou ao shopping para eu escolher uma mochila.
- Antes de dormirmos, ela me beijou e disse que me amava. Foi um ótimo dia.

Muitas vezes as pessoas se surpreendem com o grande número de gestos de gentileza observados num curto período. Quando nos tornamos conscientes desses atos e aprendemos a apreciá-los, nosso desejo de demonstrar gentileza também aumenta. Quando desejamos intencionalmente nos tornar uma pessoa gentil, fica mais fácil achar oportunidades para expressar gentileza ao longo do dia. Essas oportunidades estão à disposição em casa, no trabalho, no supermercado e em qualquer outro lugar onde encontramos pessoas.

Lembro-me de um dia em que fui deixar umas camisas no tintureiro. Ao voltar para o carro, constatei que não havia visibilidade sufuciente para sair da vaga. Um homem de meia-idade que atravessava o estacionamento notou meu aperto, parou e ajudou-me com gestos. Acenei amigavelmente e agradeci. Ao sair do estacionamento, pensei: "Que homem gentil. Ele não precisava ter feito isso. Podia ter desviado o olhar, mas percebeu minha situação e escolheu responder com um ato de gentileza."

Embora isso tenha ocorrido há quase dois anos, ainda me recordo desse homem. A simples decisão de parar e me ajudar inspirou-me a agir da mesma forma com outras pessoas. Essa é a beleza de agir com gentileza nas ocasiões que se apresentam. Um ato de gentileza provoca outro.

Por que estou contando essas histórias? Porque atos gentis, pequenos ou grandes, refletem o desejo de servir ao próximo, e *servir* é um movimento que parte do coração de qualquer pessoa capaz de amar. Gentileza significa servir alguém, mesmo que isso implique sacrifício. O homem que me ajudou a sair daquela vaga sacrificou alguns momentos do seu tempo naquele dia. Grandes ou pequenos, atos de gentileza comunicam: "Você é uma pessoa de valor."

Não podemos amar autenticamente
se não estivermos dispostos ao sacrifício.

Gentileza coletiva

Todos nós conhecemos histórias de grupos que se reúnem com o objetivo de demonstrar, por meio de ações, seu amor ao próximo. No ambiente em que vivemos, temos oportunidade de servir como voluntários de várias formas. Por exemplo, em Longview, Washington, foi instituída a Semana Anual do Serviço Comunitário. Igrejas e organizações da cidade entram em contato com obras sociais e perguntam: "O que podemos fazer para ajudá-los?" Por uma semana inteira, centenas de voluntários prestam ajuda de várias maneiras. Pessoas de todas as idades e classes sociais participam. Nada pedem em troca.

Tais atos de gentileza são manifestações do amor autêntico. Catástrofes globais, como ataques terroristas, o furacão Katrina, o tsunami no oceano Índico e a epidemia de AIDS na África também costumam gerar amplas demonstrações de gentileza coletiva. Ainda assim, pergunte a qualquer voluntário e ele responderá: "O privilégio foi meu em ajudar alguém necessitado."

Gentileza individual

Logo depois de ter se mudado com a família para um condomínio em Iowa City, Renee notou que muitas das crianças da escola primária da vizinhança iam a pé para a escola, pois não tinham direito ao ônibus escolar. A maioria pertencia a famílias pobres que não dispunham de meios de transporte próprios.

Renee procurou o diretor da escola oferecendo-se para ajudar. Ao longo do ano, o diretor deu o telefone de Renee para todas as famílias necessitadas de carona. Ao levar e buscar o filho na escola, Renee pegava e deixava os vizinhos em sua van. Um simples ato de gentileza a levou a perceber uma carência e a tomar uma providência. Tornou-se amiga de vários vizinhos e mostrou ao filho o prazer de ajudar os outros.

Embora a gentileza corporativa seja extremamente importante, principalmente em tempos de calamidade, a maior necessidade é de atos individuais de gentileza que acabem fazendo parte de um estilo de vida. É talvez mais fácil mobilizar-se em momentos de grandes crises, mas é preciso estender a generosidade desse movimento para as inúmeras oportunidades de gentileza que a vida nos oferece continuamente.

A gentileza atinge seu ponto máximo quando a fazemos espontaneamente.

Normalmente ficamos tão envolvidos em nossas próprias preocupações que esquecemos de notar as necessidades daqueles à nossa volta. E frequentemente, quando as percebemos, precisamos fazer um esforço significativo para atendê-las, mesmo porque muitas vezes elas exigem que sacrifiquemos dois bens preciosos: tempo e dinheiro.

Muitos preferem contribuir doando algum dinheiro a uma instituição de caridade. Esse é sem dúvida um ato de gentileza e por vezes pode ser o melhor ao nosso alcance. Mas quase todos nós temos espaço para crescer quando se trata de oferecer pessoalmente expressões de gentileza na vida diária.

Há mais de dois mil anos, o filósofo grego Sócrates já alertava: "Cuidado com a aridez da vida ocupada." Estamos sempre tão apressados, que não encontramos tempo para cumprimentar o gari que varre nossa rua. Ou então, ele está tão incorporado à paisagem, que não nos damos conta de que ali está um ser humano com suas necessidades e carências. Mas como a nossa vida seria mais gratificante se as pessoas tivessem prioridade sobre o relógio!

Quando a gentileza se torna natural em nossas vidas, não nos perguntamos se ela vale a pena. Todos nós temos diferentes habilidades e conhecimentos. O desafio consiste em usá-los para atender às necessidades daqueles ao nosso redor.

A beleza da gentileza

Uma das alegrias de escrever este livro foi ouvir histórias sobre atos de gentileza pelo país afora. Eis alguns exemplos de como demonstrar amor:

- Karen, de Ithaca, Nova York, contou que, durante seis meses, a amiga Kathy levou-a para as sessões de quimioterapia, buscou as receitas e passou algum tempo ajudando-a em casa.
- Spencer sempre deixa um bilhete carinhoso debaixo do travesseiro da mulher quando viaja a negócios.
- Debbie fez um bolo e convidou os vizinhos para comemorar o aniversário do faxineiro de seu prédio.
- Lauren manda pequenas mensagens amorosas pela internet para seus filhos que trabalham em outra cidade.
- Robert ainda se lembra do vizinho que há 30 anos lhe trouxe um pé de alface porque estava em promoção.
- Quando Kyle notou que a telefonista de sua empresa estava triste, mandou-lhe uma rosa com um cartão dizendo: "Você é uma pessoa linda. Seja o que for, vai passar."
- Joseph escreve "Eu amo você!" nos canhotos do talão de cheques quando corrige um erro de soma da mulher.
- Quando Helene e Alex voltaram de férias, descobriram que o vizinho havia cortado a grama de seu jardim.
- Um velho amigo me disse: "Cresci com um pai alcoólatra e uma mãe que trabalhava demais. Minha vida foi dura. Mas eu tinha uma avó carinhosa que cuidava de mim quando eu voltava da escola. Sempre me recebia com biscoitos e chocolate quente. Estremeço só de pensar no que seria de mim se minha avó não tivesse existido em minha vida."
- Kim cuidou do bebê de Dorothy sem cobrar nada quando a amiga voltou a trabalhar alguns dias na semana.

- Mary levou um pote de sopa para o pessoal de seu departamento num dia de muito frio.
- "Não importava quantas perguntas eu fizesse durante um jogo de futebol, meu pai sempre as respondia e explicava as regras", lembra-se Nate.
- Um dia antes de os sogros de Jasmine chegarem para conhecer o novo neto, um grupo de amigas foi até a casa dela com escovões, aspiradores de pó e vassouras e passaram a tarde limpando tudo.

Uma mudança de atitude

Pare um instante e pense. Tudo conspira contra a gentileza. A correria em que vivemos, a exasperação causada pelo cotidiano, o falso eu da vida egocêntrica que diz "Vou ser gentil com você se você for gentil comigo". No entanto, há em todos nós um verdadeiro eu do amor autêntico dizendo "Vou ser gentil com você, independentemente de como me trate". Como alimentar esse verdadeiro eu? Como experimentar uma mudança de atitude que nos torne gentis em todas as circunstâncias?

A gentileza muda as pessoas

Jake e Connie tinham um casamento instável. Jake viajava muito a trabalho e raramente estava disponível para ajudar com as crianças. Connie reclamava, e o marido reagia agressivamente. De repente, Connie ficou doente e foi ficando cada vez mais fraca e dependente. Tornou-se evidente a necessidade da colaboração de Jake em casa. No princípio, ele relutou, mas aos poucos começou a mudar de atitude. Assumiu um cargo menos importante para poder passar mais tempo com a família e decidiu verificar do que a gentileza, e não o egoísmo, era capaz.

"Percebi que sou a melhor coisa que eles têm. Farei tudo para servi-los, mesmo que às vezes seja difícil e cansativo. Mas me dei conta de que ser solidário com a situação me faz muito bem, e que eu me sentiria péssimo como pessoa se procurasse escapar."

Jake fez uma escolha consciente. Decidiu expressar o amor autêntico em circunstâncias adversas, acreditando que a gentileza propicia a cura. E começa a perceber que o ambiente familiar mudou. Connie está mais sorridente e já encontra energia para se envolver na vida dos outros. Os filhos estão mais bem estruturados e menos hostis em relação aos pais. Jake apostou na gentileza para operar uma mudança na família e agora sabe que só o amor estável possui potencial para criar harmonia.

A gentileza nunca deve ser usada para manipular. Mas, quando vemos como um ato de gentileza é capaz de transformar uma pessoa – fazer um cansado mecânico de carros sorrir, ou diminuir o estresse de um chefe exigente –, nos sentimos estimulados a ser gentis.

Num plano global, a história nos ensina como a gentileza, mais do que a hostilidade, é capaz de fortalecer nações. Nos últimos anos, por exemplo, a Base Naval da Baía de Guantánamo gerou controvérsias sobre os métodos de interrogatório usados com os detentos estrangeiros suspeitos de terrorismo. Depois de vários anos de métodos cruéis, entretanto, os oficiais estão descobrindo que "grande parte da eficácia constatada ao longo do tempo (em termos de obtenção de informações) surge graças à gentileza humana". Os interrogadores que aprendem a ganhar o respeito de um prisioneiro e "discutem o assunto de modo amigável e profissional" têm mais chances de obter a informação necessária. Nunca devemos subestimar a influência da gentileza humana.

Vestindo a gentileza

Um segundo passo para mudar nossa atitude é perceber que todos têm potencial para adotar a gentileza como um estilo de vida. Um dos homens mais gentis que conheci me disse certa vez: "Toda manhã coloco os óculos, visto as calças, a camisa e o paletó. Depois visualizo-me vestindo um casaco de gentileza. Deixo que me envolva e peço a Deus que eu possa ajudar os outros com minha gentileza." O homem tocou a vida de centenas de pessoas. Cortava a grama do jardim dos doentes, comprava jornais e revistas para idosos, dava livros e fitas de palestras a pessoas que precisavam de ajuda e pagava acampamentos de férias para crianças carentes. Durante seu velório, as mais diferentes pessoas se pronunciaram, falando da gentileza daquele homem.

Quando usamos a gentileza como parte de nosso vestuário, nós a exercemos de maneira natural, espontânea. A gentileza se torna uma companhia constante.

Uma vez assisti na TV a uma entrevista com uma mulher sobrevivente de um casamento horrivelmente abusivo. Quando o entrevistador perguntou como ela resistira, respondeu que às vezes bastava uma pessoa sorrir para ela no supermercado para ajudá-la a chegar ao final do dia.

Independentemente de nossas características, cada um de nós tem incontáveis oportunidades, todos os dias, de ser gentil com pessoas ao telefone, no escritório, na vizinhança e em casa. Quantas vidas somos capazes de mudar quando nos visualizamos envolvidos em gentileza?

Quando a gentileza é rejeitada

O terceiro aspecto de uma mudança de atitude é perceber que não podemos obrigar alguém a responder positivamente a nossas manifestações de gentileza. Cada um de nós tem capacidade de receber e retribuir amor – ou rejeitar o amor oferecido. Quando alguém rejeita nossa gentileza, a tendência é recuar ou se zangar. Nesses momentos é importante lembrar que as pessoas são livres para aceitar e retribuir a gentileza com gratidão, ou recusá-la e até mesmo acusar-nos de motivos interesseiros. A reação delas foge ao nosso controle.

Blake viciou-se em drogas aos 10 anos. Participou do primeiro programa para dependentes químicos aos 13 e de quatro outros tratamentos antes de completar 20 anos. Mesmo depois de ter se tornado um artista bem-sucedido, continuamente voltava ao vício. Durante todo esse tempo, sua mãe, Marilyn, demonstrou seu amor, mesmo quando as drogas o faziam agredi-la com palavras horríveis. "Este não é meu filho", repetia, sempre acreditando na pessoa que sabia que ele era.

Por vezes amar significava recusar-se a dar dinheiro ao filho, ou mesmo acolhê-lo em casa, pois ele roubaria objetos e os venderia para manter o vício. Mas a mãe sempre manifestava seu amor, sentindo-se compelida a ser uma presença de esperança e aceitação na vida dele.

Quando os médicos deram a Blake dois anos de vida, por causa de seus problemas cardíacos, Marilyn assumiu o compromisso de tomar conta do filho em casa até o fim.

Mesmo perto da morte, Blake não pediu desculpas por seus atos, nem expressou gratidão pelos cuidados maternos. No entanto sua atitude começou a suavizar-se, e Marilyn surpreendeu-o olhando-a com um certo carinho.

O título do sermão no funeral de Blake foi "Basta o amor", um tributo à esperança de que a gentileza sempre compensa. Num mundo destroçado, os relacionamentos nem sempre funcionam como gostaríamos. Podemos nunca ver o resultado de nossos atos de gentileza. Mas quando amamos autenticamente, somos capazes de vencer as dificuldades.

O amor verdadeiro sempre implica fazer escolhas. Se alguém responde com gentileza, podemos estabelecer um relacionamento significativo. Mas, mesmo quando nossas expressões de gentileza são rejeitadas, podemos continuar a esperar que, na hora certa, a pessoa se aproximará de nós. Enquanto isso, nossa atitude deve ser de amor. Queremos o melhor para o outro e buscamos expressar esse desejo com gentileza, acreditando que, mesmo nas fases mais tenebrosas, o amor bastará.

Começando

Eis algumas maneiras simples de demonstrar gentileza na vida cotidiana. Tenho certeza de que você conhece várias outras.

- Cumprimente o caixa do supermercado.
- Segure a porta para alguém.
- Sorria para uma criança. Se ela começar a conversar, ouça.
- Deixe alguém que está atrás de você, na fila do supermercado, passar na frente.
- Divida seu guarda-chuva com alguém quando estiver chovendo.
- Quando estiver no carro de um amigo, ofereça-se para pagar o pedágio.
- Quando encontrar a vizinha no elevador do prédio, elogie-a.
- Visite um idoso.
- Dê boas gorjetas.
- Quando alguém estiver atravessando uma fase difícil, ofereça uma ajuda concreta em vez de dizer "Avise se precisar de alguma coisa".
- Leve sua assistente para almoçar no dia do aniversário dela.
- Tente saber o que faz um amigo ou um parente se sentir amado e esforce-se para expressar seu amor dessa maneira.
- Se perceber um colega desempenhando bem um trabalho, procure uma oportunidade de dizer isso ao chefe dele.
- Vença qualquer resistência e expresse seus sentimentos a alguém que perdeu um membro da família.
- Anote a data de aniversário dos empregados do seu prédio e manifeste-se de alguma forma.

Paus e pedras

Quando criança, aprendi um provérbio que não é verdadeiro: "Paus e pedras podem quebrar meus ossos, mas palavras nunca poderão me ferir." A verdade é que palavras negativas podem deixar marcas por toda a vida.

Quando Molly terminou a universidade, não tinha muito dinheiro para mobiliar seu novo apartamento. Procurando algum móvel, encontrou no sótão dos pais uma mesa antiga que tinha pertencido à avó. Precisava ser restaurada, mas seria uma linda contribuição para sua casa.

Molly passou o fim de semana reparando e envernizando a mesa. Quando o pai viu o móvel, fez um muxoxo e balançou a cabeça com ar de desaprovação. Molly colocou a mesa na sala de estar, mas não esqueceu a crítica silenciosa do pai.

Dez anos depois, a mesa reformada permanecia na casa onde Molly morava com o marido e as duas filhas. "Teria ficado melhor com um acabamento acetinado", disse o pai um dia, apontando a mesa. "O que o ouvi dizer", falou Molly, "foi que minha vida teria sido melhor com um acabamento diferente. Eu simplesmente não conseguia agradá-lo."

Pode parecer bobagem, mas é importante notar quanto palavras ou atitudes depreciativas são capazes de ferir, sobretudo se vêm de pessoas que valorizamos. Nosso desafio como adultos é, em vez de repetir o comportamento de que fomos vítimas, substituir palavras e posturas grosseiras por outras, delicadas. A tendência natural é dar o que recebemos. Mas quando amamos deliberadamente, podemos aprender a dizer palavras gentis.

Palavras positivas

Você faz gestos e pronuncia palavras de incentivo em casa e no trabalho? Ou torna mais difícil a vida das pessoas ao seu redor?

Quando vivemos uma vida de amor autêntico, ligamos atos de gentileza a palavras de gentileza. O pai que, exasperado, diz à filha adolescente: "Tudo bem, pode sair com as amigas, mas pare de me encher", atendeu ao desejo dela, mas de modo agressivo. A adolescente sai, mas se sente rejeitada.

O pai amoroso diria: "Pode sair. Divirta-se. Mas tome cuidado, porque você sabe quanto é preciosa." O tom de voz e a expressão do rosto são tão importantes quanto as palavras.

É fácil adquirir hábitos que provocam e derrubam os outros, especialmente quando se trata de um membro da família. Por isso, adoro ver casais se tratando delicadamente. Outro dia ouvi um marido se desculpando por ter trancado a família fora de casa. "Foi uma vez só, querido, não tem importância", disse, tranquila, a mulher. Ela poderia tê-lo criticado duramente, mas isso não levaria a nada e comprometeria a relação do casal.

Há algum tempo, atendi uma mulher de meia-idade cujo pai falecera. Ela disse:

– Mamãe e papai se criticaram durante 47 anos. Nunca consegui entender por que continuavam casados.

– Você acha que eles agiriam de forma diferente se cada um tivesse casado com outra pessoa? – perguntei.

– Provavelmente não – ela respondeu –, pois agiam comigo da mesma maneira. No entanto sempre fui uma ótima filha. Simplesmente eram duas pessoas negativas que, por acaso, se casaram.

Como é trágico pensar que algumas pessoas escolhem uma atitude negativa diante da vida e deixam escapar palavras nocivas diariamente!

Nunca subestime o poder das palavras gentis
para mudar a vida de alguém.

Palavras afirmativas

Há alguns anos, Nicky Cruz, um viciado, líder de uma gangue de rua em Nova York, enfrentou David Wilkerson, um jovem empenhado em ajudar dependentes químicos.

"Se chegar perto de mim, eu te mato", avisou.

"Mesmo que você me pique em mil pedacinhos e os esparrame pela rua, cada pedacinho meu continuará gostando de você", respondeu Wilkerson.

Alguém se surpreende com o fato de que Nicky Cruz tenha acabado largando a vida nas ruas e que agora desempenhe um papel positivo no mundo?

A pessoa gentil procura meios de encorajar verbalmente as outras, e suas palavras têm muito poder, porque partem de uma atitude interna amorosa.

- Qual a esposa que não gosta de ouvir "Você está bonita com essa roupa"?
- Qual o marido que não se sente encorajado pelas palavras "Gosto muito do que você faz para facilitar minha vida"?
- Qual o colega de trabalho que não se sente reconhecido ao ouvir o chefe dizer "Parabéns pelo seu desempenho nesse projeto. Sei que você trabalhou mais do que seria sua obrigação"?

Palavras gentis expressam reconhecimento e alegram as pessoas.

Palavras de esperança

Recentemente, ouvi o psicólogo John Trent contar sua história. Em sua infância, o pai alcoólatra abandonou a mulher. A mágoa e a raiva dos filhos manifestaram-se em seu comportamento. John e o irmão foram expulsos da escola ainda no ensino fundamental.

Tempos depois, no último ano do ensino médio, John tirou uma nota baixa no trabalho escrito do final do semestre. John comentou: "Apesar de só ter começado a redigi-lo uma noite antes do prazo de entrega, achei que estava bom. Eu tinha me empenhado bastante."

A mãe examinou o trabalho e disse: "Bem, faltou a bibliografia, mas está muito bem escrito. Você tem um grande talento com as palavras, e eu não ficaria surpresa se um dia você as usasse para ajudar as pessoas." John cresceu com esse incentivo e hoje é um escritor popular.

Palavras gentis valorizam o que há de melhor nas pessoas e as estimulam.

Palavras verdadeiras

Palavras gentis nem sempre são elogiosas. O amor genuíno confronta as pessoas quando seu comportamento é destrutivo. Sonya, falando sobre a avó materna, me contou: "Ela me ama incondicionalmente, mesmo quando diz que preciso me empenhar para fazer alguma coisa melhor. Sempre me apoiou em meus altos e baixos. Ela aponta os meus erros, mas nunca me nega o seu amor."

Quando numa intenção amorosa confrontamos ou mesmo criticamos alguém para o bem da pessoa, mesmo a confrontação pode ser feita de forma gentil. O desafio consiste em falar a verdade com amor, respeito e desejo do crescimento do outro.

Falando com gentileza

Como aprendemos a dizer palavras gentis?

- *Tome consciência da importância das palavras.* Nossas palavras são extremamente poderosas. Preste atenção nas palavras dos outros para tomar consciência do efeito que elas produzem. Você pode até mesmo anotar as palavras gentis que ouve ao longo do dia, bem como registrar qualquer palavra grosseira que escute. Essa pode ser uma experiência reveladora.

• *Ouça a si mesmo falando.* Para tornar isso um hábito, pergunte a si mesmo depois de falar com outra pessoa: "Quais as palavras gentis e quais as palavras rudes que pronunciei?" Então, volte e peça desculpas pelas palavras rudes. Talvez seja difícil, mas você vai ver como faz bem – ao outro e a você.

• *Substitua palavras destrutivas por construtivas.* Quando se pegar dizendo palavras agressivas para outros motoristas, procure mudar. Em vez de gritar "Seu idiota, vai acabar matando alguém!", talvez possa dizer o mais serenamente possível "Tome cuidado, senão vai se prejudicar". À medida que for substituindo comentários negativos por positivos, isso se tornará um hábito muito saudável.

• *Lembre-se do valor de cada pessoa que encontra.* Cada um de nós desempenha um papel único na vida. Todas as pessoas têm um lado melhor que vem à tona e se desenvolve quando são tratadas com respeito e gentileza, por mais detestáveis que possam ser de vez em quando. Se você tiver consciência disso, é bem provável que diga mais palavras gentis.

HÁBITOS A ADQUIRIR
Quando se pegar pensando negativamente a respeito de si mesmo ou de outra pessoa, substitua as palavras em sua mente por outras, positivas.

Opositores da gentileza: maus hábitos

Se agir com gentileza não é uma atitude natural para você, isso não significa que você seja indelicado. Escrevi este livro porque sei que todos nós temos potencial para amar o próximo. Normalmente nosso insucesso vem da simples falta de prática.

Em geral achamos que maus hábitos são espécies de vícios, como roer as unhas ou comer chocolate compulsivamente. Mas hábitos também podem relacionar-se a coisas que *não* fazemos. Se não temos o hábito de olhar nos olhos do garçom ao fazer o pedido, se não agradecemos ao manobreiro que busca nosso carro, se nos acostumamos a deixar o copo de café na bancada da cozinha para alguém lavar, é provável que nem nos demos conta dessas atitudes.

Já ouviu esta piada? "Quantos terapeutas são necessários para mudar uma lâmpada?" A resposta é: "Um. Mas a lâmpada precisa querer ser trocada." O primeiro passo para mudar um hábito de indelicadeza é querer ser gentil.

Uma jovem me contou: "Eu sabia que a minha companheira de apartamento gostava do banheiro limpo, mas eu tinha o hábito de deixar a toalha molhada no chão. Sempre a encontrava pendurada quando ia tomar banho, mas não pensava muito a respeito. Então, uma manhã, ao jogar a toalha no chão, eu me dei conta. Percebi que no decorrer da vida eu adquirira um padrão de indelicadeza inconsciente. Além de passar a pendurar a toalha, comecei a adotar outras formas de demonstrar gentileza, como baixar o volume do som da televisão quando minha amiga queria dormir. Fiquei surpresa ao constatar todos os péssimos hábitos que eu adquirira. Tornou-se um jogo agradável pensar em modos de ser gentil e dessa forma expressar amor pela minha companheira de apartamento."

Gentileza gera gentileza. Por isso é importante prestar atenção nos atos de gentileza dos outros. Eles servem para nos ensinar maneiras específicas de sermos gentis e deixam nossa mente mais alerta para as oportunidades de ter atos de delicadeza.

Quando nos empenhamos para fazer da gentileza um hábito, ficamos mais propensos a reconhecer o valor das pessoas. *Queremos* ser gentis simplesmente porque toda pessoa que encontramos merece reconhecimento.

Desenvolvendo a gentileza

Richard, um executivo de meia-idade, procurou-me, inquieto e insatisfeito com a vida. Com frequência brigava com a mulher, e os filhos pareciam evitá-lo. Ele reconhecia ter uma atitude agressiva em relação à família e aos funcionários de sua empresa, mas não sabia como mudar.

Sugeri que começasse a fazer um registro das palavras ditas ou das atitudes tomadas, tanto no escritório quanto em casa, que considerasse indelicadas.

Ele voltou na semana seguinte e me disse: "Ao constatar a quantidade de palavras e atos indelicados, percebi a necessidade de mudar."

O simples fato de tomar consciência de como podia ser indelicado foi um grande passo para Richard ir se tornando uma pessoa mais gentil. Todas as noites ele fazia uma revisão do dia para ver se tinha magoado alguém. Na manhã seguinte, procurava as pessoas com quem fora indelicado e se desculpava.

"Foi uma das semanas mais transformadoras de minha vida", disse. "No final da semana senti como se tivesse rompido um padrão negativo." Ele sorriu. "Nada como pedir desculpas para motivar uma pessoa a mudar de comportamento."

Agora ele estava pronto para começar a construir um novo estilo de vida baseado na gentileza. Sugeri começar pela família.

– Acho mais fácil começar no escritório – disse ele.

– Muito do que as pessoas chamam de gentileza – comentei – é pura manipulação para fazer alguém comprar nosso produto ou nos tratar gentilmente. Não é esse o tipo de gentileza que desejamos. Não estamos falando de meras demonstrações de boas maneiras, mas de atos e palavras gentis destinados a beneficiar o outro. Estamos nos referindo à gentileza que flui do verdadeiro amor.

– Tudo bem – disse Richard. – Então vou começar pela minha casa. Acho que entendi.

Concordei, mas tinha consciência de que era uma lição que precisaria ser repetida. Sei disso porque me conheço e lembro de quantas vezes tive recaídas por causa de minha tendência à impaciência e irritação. Estimulei Richard a se dedicar todas as manhãs a pensar em oportunidades de ser gentil tanto com a família quanto no trabalho.

Meses depois, Richard me disse: "Foi o começo do melhor capítulo de minha vida. Contagiou toda a família, e agora todos competem para multiplicar os gestos de gentileza. E o ambiente no trabalho tornou-se bem mais agradável." Como conselheiro, fiquei emocionado ao ver Richard alegrar-se com os frutos da gentileza.

Ninguém acorda uma manhã e decide: "A partir de agora, vou ser gentil." A gentileza, como toda característica do amor, se desenvolve ao longo do tempo, à medida que abrimos o coração e a mente para nos tornarmos pessoas mais capazes de amar. Começamos comprometendo-nos com esse objetivo: "Sim, quero ter uma vida caracterizada pela gentileza." Sabendo que o falso eu é egocêntrico, precisamos administrá-lo conscientemente para evitar as armadilhas e crescer em gentileza. Experimente só: a alegria que sentimos ao dar amor por meio de atos de delicadeza é tão grande, que acabamos viciados em gentileza.

Corpo e alma

Um dos melhores efeitos do amor autêntico é que ele cura nossa alma *e* nosso corpo. Vários estudos científicos comprovaram que agir com gentileza traz benefícios para a saúde física e mental. Por exemplo:

- Atos gentis liberam as substâncias inibidoras de dor naturais do corpo, as endorfinas.

- É comum experimentar uma intensa sensação de euforia e de paz após a realização de um ato gentil.
- Ajudar os outros pode minimizar os efeitos de doenças e outras disfunções físicas.
- Está provado que atos de gentileza têm a capacidade de reverter sentimentos de depressão, hostilidade e isolamento. Como resultado, problemas de saúde relacionados ao estresse frequentemente melhoram depois que se ajuda alguém.
- Os benefícios para a saúde e a sensação de calma gerados por um ato de gentileza retornam horas ou dias depois do evento, sempre que o ato de gentileza é lembrado.
- Foi constatado que importar-se com o outro num relacionamento positivo melhora o sistema imunológico.
- Tratar as pessoas com gentiliza aumenta a autoestima, o otimismo e proporciona satisfação.

A corrente do bem

Depois do nascimento do filho de Erin, Jessie se ofereceu para cuidar dele sempre que a amiga e o marido precisassem sair. Também deu livros e jogos com que seus filhos já não brincavam e sempre parecia ter um presentinho para o bebê. Uma noite, ao colocar o filho no assento do carrinho, depois de Jessie ter passado o dia cuidando do bebê, Erin perguntou se havia alguma coisa que pudesse fazer pela amiga, apesar de seus limitados recursos.

"Ah, não", respondeu Jessie, "muita gente nos ajudou ao longo dos anos. É bom poder passar adiante."

Jessie estava falando do valor da retribuição. Quando alguém nos faz algo gentil, queremos reproduzir essa gentileza com outros.

Poucos conhecem esta carta de Benjamin Franklin, escrita no dia 22 de abril de 1784:

Prezado senhor,

Recebi sua carta do dia 15 do corrente e a petição nela contida. A descrição de sua situação me entristece. Envio anexos 10 luíses de ouro. Não pretendo dar-lhe tal soma, apenas emprestá-la. Quando o senhor voltar para seu local de origem com boa disposição, não poderá deixar de entrar em algum negócio que em tempo lhe permitirá quitar todos os seus débitos. Nesse caso, ao encontrar outro homem honesto em apuros, o senhor poderá me pagar emprestando-lhe essa quantia sob a condição de quitar o débito por operação semelhante, quando ele puder e tiver a oportunidade. Espero que, dessa forma, a quantia passe por muitas mãos até encontrar um patife que interrompa sua trajetória. Esse é um truque meu para fazer o bem com pouco dinheiro. Não sou rico o bastante para gastar muito com boas ações, então sou obrigado a ser esperto e fazer o máximo com o mínimo. Com meus sinceros votos de sucesso para sua petição e prosperidade futura, sou, prezado senhor, seu mais leal servidor,

B. Franklin

Franklin reconhecia que a mais poderosa maneira de retribuir a gentileza de alguém é passá-la adiante. Deste modo podia, dando o pouco que tinha, fazê-lo multiplicar-se.

Uma das coisas mais bonitas do amor autêntico é que ele nos energiza. Quando somos gentis com o próximo, a alegria que sentimos nos faz buscar outros atos de gentileza, e quando alguém é gentil conosco, motiva-nos a passar esse gesto adiante.

HÁBITOS A ADQUIRIR

Quando alguém age com gentileza com você, assuma o compromisso de se comportar de modo semelhante com outra pessoa.

O sacrifício de um menino

Há 15 anos, restavam a Michael, filho de Jeff e Kristi Leeland, poucas semanas de vida. Só um transplante de medula óssea, no valor de 200 mil dólares, poderia salvá-lo. O plano de saúde da família recusou-se a cobrir o custo do transplante, e o casal não tinha recursos para pagar a cirurgia.

Foi então que Dameon, um dos garotos mais levados da escola onde Jeff dava aula, entregou-lhe 12 notas de cinco dólares, todo o dinheiro que havia em sua poupança. Ao tomar conhecimento da doação de Dameon, o diretor da escola decidiu abrir uma conta com os 60 dólares iniciais dados pelo menino, o que inspirou os alunos da Kamiakin Junior High a contribuir também, unindo-se ao esforço de Dameon. Logo toda a comunidade seguiu os passos dos estudantes. Em menos de quatro semanas, o ato de gentileza de Dameon tinha contagiado a cidade inteira, e 227 mil dólares foram levantados para o transplante que poderia salvar a vida de Michael.

Ao ver a influência do gesto de uma única criança, a família Leeland fundou o Sparrow Clubs USA (Clubes dos Pardais), uma organização sem fins lucrativos que oferece oportunidades a alunos de escola de ajudarem outras crianças com problemas de saúde. Desde 1995, os Sparrow Clubs levantaram mais de 2,5 milhões de dólares e ajudaram mais de 400 crianças deficientes ou gravemente enfermas, tanto com dinheiro quanto com serviços variados.

Jeff diz que um dos benefícios adicionais dos Sparrow Clubs é a "sutil mas muito positiva e efetiva influência que pode desarmar a cultura negativa de uma escola inteira" quando as crianças trabalham em conjunto para demonstrar gentileza. "Um maior sentido de unidade e boa vontade permeia a cultura da escola quando as crianças servem à comunidade com o objetivo comum de ajudar o próximo."

Talvez nunca cheguemos a constatar os resultados de nossos sacrifícios ao agirmos com gentileza. Mas o amor autêntico nos convida a nos dedicarmos ao próximo simplesmente por sabermos que um ato de doação é capaz de mudar vidas. Quando estamos servindo a qualquer pessoa, ao agirmos com gentileza, reconhecemos o valor do outro. A gentileza pode ser incrivelmente simples. Mas seus efeitos são capazes de durar uma vida inteira.

Como seriam seus relacionamentos se você...

- Visse cada encontro com outra pessoa como uma chance de expressar gentileza?
- Decidisse ser gentil não apenas nos dias tranquilos, mas também nas ocasiões difíceis?
- Doasse uma semana por ano para se unir a um grupo num projeto de gentileza aos necessitados?
- Dissesse palavras que alegrassem os outros e pedisse desculpas por qualquer palavra ou ação indelicada?
- Sempre procurasse oportunidades para reconhecer o valor do outro?

Personalizando

Questões para discussão e reflexão

1. Descreva uma ocasião em que sentiu uma alegria intensa por ter sido gentil.
2. Cite uma de suas maneiras favoritas de ser gentil.
3. Quando foi que um gesto ou uma palavra gentil o inspirou a passar essa gentileza adiante?
4. Quando foi que um pedido de desculpas, depois de uma palavra ou um ato agressivos, lhe trouxe paz e conforto?
5. Quando acha mais difícil ser gentil?

Opções práticas

1. Tente visualizar cada pessoa que encontra como:
   - Extremamente valiosa
   - Talentosa
   - Nascida para desempenhar um papel único na vida
   - Capaz de receber e retribuir amor verdadeiro

   Tente visualizar-se como:
   - Uma pessoa que está em processo de desenvolver atitudes de amor verdadeiro
   - Alguém com potencial para vestir um manto de gentileza
   - Alguém capacitado a expressar gentileza mesmo diante de rejeição ou de tratamento indelicado
   - Alguém capaz de dar aos outros liberdade para receber, rejeitar ou retribuir atos de gentileza
   - Alguém que vê cada indivíduo como uma oportunidade de expressar gentileza

   Talvez você queira imprimir esses tópicos numa ficha e colocá-la num lugar onde possa vê-la todos os dias, como, por exemplo, o espelho do banheiro.

2. Escolha um dia desta semana e registre todos os atos e palavras de gentileza observados ao longo desse período. Simplesmente anote o que foi feito ou dito e quem disse ou fez.
3. Pelo menos duas manhãs esta semana, pense em cinco oportunidades que poderá ter, durante o dia, para expressar gentileza a alguém com palavras ou atos. Ao final do dia, registre os atos realizados.
4. Ouça suas próprias palavras. Depois de cada diálogo, pergunte a si mesmo: "O que eu disse de gentil? E de indelicado?" Depois peça desculpas por seus comentários negativos.

Capítulo 3

Paciência

Aceitar as imperfeições dos outros

Eles também servem os que apenas ficam de pé e esperam.
– John Milton

Há uma experiência que sempre me leva a refletir sobre a natureza humana. É quando tento sair de uma vaga de estacionamento. Sinto-me impaciente com os motoristas que passam em alta velocidade pelas pistas. "Por que não podem esperar alguns segundos para nos dar passagem?" Mas muitas vezes, quando sou eu que estou correndo pela estrada, fico impaciente com os motoristas que forçam uma brecha para sair da vaga.

São muitas as demonstrações e histórias de impaciência nas estradas. Em julho de 2007, o Departamento de Transportes da Califórnia decidiu fechar temporariamente a rodovia 138 porque os motoristas começaram a ficar extremamente impacientes devido às obras ao longo da estrada. O projeto de ampliação visava diminuir o número de acidentes, mas aparentemente o transtorno foi excessivo para os usuários. Frustrados com o tráfego lento, os motoristas xingavam os operários da obra, ameaçando-os de morte, apontando espingardas de ar comprimido e fazendo gestos agressivos. A consequência desses atos de violência apenas aumentou a impaciência dos motoristas, pois, até que a obra fosse concluída, tiveram que pegar um desvio de meia hora.

Na cultura ocidental, não fomos treinados para exercitar a

paciência. Quando perguntamos ao chefe para quando é a tarefa que nos foi solicitada, a resposta quase sempre é: "Para ontem." A mensagem é clara: não há tempo a perder. Faça logo e rápido.

Em nossa vida pessoal, esperamos gratificação instantânea. Esperar o computador ligar de manhã já é irritante. Se não temos dinheiro para comprar algo hoje, usamos cartões de crédito ou o cheque especial, mesmo que isso nos obrigue a pagar juros. Desembolsamos um valor extra para ter os produtos entregues em 24 horas. Buzinamos impacientes assim que se acende o sinal verde, para apressar o carro da frente.

Se demonstramos tanta impaciência com a tecnologia, como nos surpreendermos com a nossa impaciência com as pessoas? Na verdade, ser paciente com alguém não faz parte de nossa cultura. Ainda assim, a paciência é um dos sete traços das pessoas capazes de amar. Só a escolha intencional de amar nos permitirá desenvolver a paciência no mundo de hoje.

Quanto eu sou paciente?

Faça o teste a seguir para ver com que frequência você reage com paciência – opção "c" – diante de pessoas e situações difíceis.

1. Quando alguém passa na minha frente no trânsito ou na fila, eu...
   a. Aperto a buzina, xingo ou faço algo para demonstrar minha irritação.
   b. Imagino que provavelmente fiz algo errado.
   c. Respiro fundo.

2. Da última vez que alguém se zangou comigo, eu...
   a. Fiquei agressivo e gritei.
   b. Fugi.
   c. Ouvi.

3. Quando alguém não atende às minhas expectativas, eu...
   a. Me irrito com ele.
   b. Desisto.
   c. Penso em como incentivá-lo.

4. Quando alguém que amo apronta – *novamente* – eu...
   a. Digo à pessoa que ela não tem jeito mesmo.
   b. Finjo que não percebo.
   c. Ofereço apoio mesmo sem concordar com o que ela fez.

6. Quando faço algo errado, eu...
   a. Fico tão irritado comigo mesmo que é difícil me concentrar em outra coisa.
   b. Acho que sou uma pessoa má.
   c. Peço desculpas.

Todo mundo está em processo

Quando Craig e Lauren se ofereceram para escrever cartas para os presos da cadeia local, não imaginaram as consequências. Uma das prisioneiras, chamada Rebecca, chamou-lhes a atenção ao responder. À medida que a foram conhecendo mais, perceberam que se tratava de uma mulher tentando fazer o melhor possível. E estava muito solitária.

Aos 40 anos, Rebecca cumpria o quarto ano de uma sentença de oito, por apropriar-se indevidamente do dinheiro de uma companhia construtora. Craig e Lauren começaram a visitá-la na prisão, e ela se tornou dependente do apoio deles. Quando Rebecca se mudou para um centro de reabilitação a 30 minutos da casa do casal, eles se comprometeram a ajudá-la na sua transição para a vida profissional e dar-lhe o apoio financeiro necessário.

Não foi uma transição suave. Mais de uma vez, atormentada pela própria atitude, Rebecca ligou para Craig aos prantos do centro de reabilitação. Deixou de informar as gorjetas recebidas no emprego de faxineira; depois largou o emprego de garçonete, sem contar nada a ninguém; em seguida, comprou clandestinamente um celular. Quando finalmente conseguiu um emprego como recepcionista – com a ajuda de Craig e Lauren – teve tamanha explosão de raiva com o chefe, que ele a demitiu.

No centro de reabilitação, desrespeitou praticamente todas as regras possíveis, apesar dos constantes avisos de que seria mandada de volta para cumprir o restante de sua pena na prisão. Entretanto, cada vez que Rebecca fracassava, Craig e Lauren conversavam com ela, davam-lhe conselhos e diziam que ainda queriam fazer parte de sua vida.

"Para ser honesta, a maior parte do tempo ficamos muito frustrados", diz Lauren. "Nós a amamos, mas a tratamos com severidade. Investimos nela sem saber se continuará a mentir e se conseguirá se manter em um emprego."

Quando lhe concederam liberdade condicional, mais de um ano depois, Craig e Lauren hospedaram Rebecca em casa até ela encontrar um lugar para morar.

"Constatamos que ela quer agir certo", diz Lauren, "e tem feito grandes progressos. Por isso continuamos dando-lhe apoio. Por estar em liberdade condicional, basta um movimento em falso para que todos saibam. Eu me pergunto: 'E se todos os meus movimentos errados fossem expostos?' As fraquezas de Rebecca podem ser mais evidentes do que as minhas, mas precisamos identificar seus erros e ajudá-la a corrigi-los, não rejeitá-la como pessoa."

Craig e Lauren revelam o segredo para desenvolver uma atitude paciente. Eles sabem que cada um de nós está sempre no meio de um processo. A vida é uma lenta jornada de crescimento, e são poucos os que conseguem transformar-se nas pessoas que escolhemos ser. Na verdade, este livro foi escrito partindo do pressuposto de que todos nós estamos vivendo um processo de mudança e que muitos desejam ter maior capacidade de amar. Quando demonstramos paciência em nossos relacionamentos, lembramos a nós mesmos e aos outros que todos podemos estar a caminho de nos tornar uma pessoa melhor.

Paciência: permitir a alguém ser imperfeito.

Tudo na atitude

A paciência assume diferentes formas em diferentes relacionamentos. A paciência para perdoar a garçonete que trouxe o pedido errado é diferente da paciência de esperar a filha rebelde chegar em casa. Mas desenvolver a paciência em um setor de nossa vida nos ajuda a desenvolvê-la em todos.

Um dos meus exemplos favoritos é o de Florence Nightingale. Ela nasceu numa família rica e poderia ter levado uma existência despreocupada. Mas devotou a vida a visitar doentes nos vilarejos e passou a lutar pela melhoria do sistema médico em Londres. Em 1845, anunciou a decisão de ser enfermeira, apesar dos protestos da família. Em meados do século XIX, a profissão era vista com descrédito e não era apropriada a jovens de boa família. Florence, contudo, acreditava ter sido chamada para uma missão e prosseguiu seus estudos de enfermagem, interessando-se cada vez mais por temas sociais.

Em 1854, organizou um grupo de 38 enfermeiras e chegou à Turquia para cuidar dos feridos da guerra da Crimeia. Novamente, enfrentou a rejeição dos médicos ingleses que deixaram bem claro que ela e suas companheiras não eram bem-vindas. Diante de sua insistência, eles lhes deram permissão para limpar o chão das enfermarias. Dez dias depois, novos feridos chegaram dos campos de batalha e lotaram o hospital. Florence e suas enfermeiras puderam finalmente colocar em prática suas aptidões.

A paciência de Nightingale com aqueles que desprezaram sua vocação traduziu-se em paciência para com os pacientes. Os soldados a adoravam, chamando-a de "A dama da lâmpada", pois cuidava deles à noite. Enviava cartas e salários para as suas casas e montou salas de leitura. Sua realização mais importante foi melhorar as condições sanitárias no hospital, apesar da desaprovação inicial dos médicos. Suas diligentes pesquisas e sua firme crença na necessidade absoluta de higiene salvaram milhares de vidas. Nos últimos anos, escreveu seu livro mais conhecido, *Notas sobre enfermagem*, em que estimulava a observação e a sensibilidade no tratamento dos pacientes, uma abordagem inovadora na época.

O trabalho de Florence Nightingale mudou a concepção da profissão de enfermeira e levou à fundação da Cruz Vermelha. Ela foi capaz de amar o próximo e salvar vidas, demonstrando paciência com aqueles que se opunham às suas crenças. Ela não podia mudar as condições médicas de imediato, mas sabia que, com o passar do tempo, sua dedicação ao trabalho e o cuidado com os pacientes influenciariam os outros.

> Ser paciente num setor de nossa vida
> nos ajuda a ser paciente em todos.

Só uma atitude de paciência pode nos fazer persistir ao longo dos anos. Seja na luta pela melhoria das condições sociais, ou em qualquer contato que tenhamos, se desenvolvermos uma atitude de paciência, estaremos mais completamente capacitados a amar os outros. Vamos examinar as duas chaves para desenvolver essa atitude em nossa vida diária.

Desenvolver expectativas realistas

A paciência exige que tenhamos com os outros a mesma atitude que desejamos que tenham conosco. As pessoas não são máquinas das quais se pode esperar um produto perfeito. Tendemos a achar que aqueles que nos cercam têm emoções, ideias, prioridades, percepções e desejos semelhantes aos nossos e nos esquecemos das diferenças fundamentais entre os seres humanos.

Se não tivermos profunda consciência dessas diferenças, nossos relacionamentos ficarão difíceis e conflituosos. Expressaremos nossa impaciência com atos e palavras que não serão capazes de construir uma relação amorosa.

O pai de um rapaz de 18 anos me disse: "Queria que meu filho fosse para a universidade, mas ele decidiu passar um ano viajando. Não entendo como ele vai conseguir pagar a viagem, nem vejo como isso poderá lhe ser útil. Mas decidi respeitar sua escolha." Apreciei o modo como aquele pai escolheu a atitude da paciência, apesar de discordar da decisão do filho. Da mesma forma, uma jovem esposa me contou que durante os primeiros dois anos de casamento, ela se irritava com o marido, pois ele dormia nos fins de semana, mesmo quando o tempo estava bonito e convidando a um passeio. "Agora percebo", disse, "que é uma escolha dele, e que somos diferentes nesse ponto. Eu fico com a sensação de que ele está perdendo a melhor parte do dia, mas não me deixo mais prender e faço também minhas escolhas. Assim, quando nos encontramos, estamos ambos satisfeitos."

Todos passam por processos de mudança, algumas vezes para melhor, outras, para pior. Se estivermos conscientes dessa realidade, seremos mais pacientes em relação aos membros da família, aos colegas de trabalho e aos amigos que, em determinado momento, estão fazendo escolhas diferentes das que faríamos. Se respeitarmos o processo dos outros – e os nossos próprios processos – alcançaremos resultados melhores. Não controlamos os outros, mas nos influenciamos mutuamente. A paciência cria uma atmosfera que facilita a influência positiva.

Perceber o poder da paciência

Isso me leva à segunda realidade que ajuda a criar uma atitude paciente. Como qualquer outra característica do amor, a paciência muda as pessoas. Isso me lembra uma das fábulas de Esopo, "O Vento Norte e o Sol".

> *O Vento e o Sol discutiam para ver quem era o mais forte. Ficou estabelecido que ganharia aquele que conseguisse arrancar o casaco de um viajante. O Vento começou: pôs-se a soprar violentamente, e como o homem segurasse o casaco com força, redobrou os ataques.*
>
> *Transido de frio, o viajante vestiu um segundo casaco, de modo que o Vento, desencorajado, deu a vez ao Sol. Este a princípio brilhou moderadamente, e o homem tirou o segundo casaco. O Sol lançou então seus raios mais fortes, e assim, sem suportar mais o calor, o viajante tirou toda a roupa e mergulhou num rio próximo.*

Essa antiga fábula mostra uma verdade relevante para todos os nossos relacionamentos. Palavras ríspidas e violentas estragam as relações e, em geral, obrigam as pessoas a tornar seu comportamento distante e frio. A paciência e o amor constante são responsáveis por mudar nossas amizades, casamentos e relacionamentos profissionais.

Muitas vezes, quando fico impaciente, perco a calma e despejo críticas e acusações sobre minha mulher, Karolyn. Torno-me um inimigo, não um amigo. A reação dela é revidar ou fugir. Se brigamos, ninguém sai vencedor, e ambos saímos feridos ou nos distanciamos. Dessa forma, perdemos o potencial da influência positiva. Por outro lado, quando demonstro paciência, controlando mau humor e expressando minha opinião de maneira carinhosa, mantenho o relacionamento intacto e fortaleço o potencial da influência positiva.

Gosto da seguinte história sobre o poder da paciência: no hospital onde Carol trabalhava como enfermeira, nenhuma queria ser designada para atender a Sra. Bradley. Recuperando-se de uma fratura no quadril, essa senhora mantinha a enfermeira ocupada noite e dia, além de reclamar de tudo. A campainha de chamada do quarto acendia a cada dois ou três minutos na sala das enfermeiras. Às vezes dava para ouvi-la gritar que denunciaria à família o péssimo tratamento recebido naquele hospital.

"*Tente* deixá-la feliz", disse a enfermeira da noite ao passar suas funções para Carol. Em vez de tentar evitar a Sra. Bradley, Carol encarou a tarefa como um desafio. Naquele dia, apesar do grande número de pacientes, decidiu exercitar a paciência. Seu objetivo era atender às necessidades da paciente antes que ela as expressasse.

"A senhora quer beber água, Sra. Bradley?", perguntou Carol entreabrindo a porta. Cinco minutos depois: "A senhora está confortável, Sra. Bradley?" Mais tarde: "Acho que a senhora gostaria de um pouco de sol. Posso abrir as cortinas?" Finalmente: "Seu almoço chegou na hora hoje?"

A princípio, a Sra. Bradley continuou a apertar a campainha a todo instante, mas por volta do meio-dia a paciência de Carol já havia conseguido abrandá-la. Carol parecia se antecipar a todos os seus desejos e necessidades.

"Nós estávamos convencidas de que se tratava de uma senhora rabugenta, mas entendi que ela simplesmente não queria ficar sozinha", diz Carol. "Descobri que estava assustada. Quando percebeu que eu me preocupava com ela, conseguiu relaxar." A paciência de Carol ajudou-a a perceber a carência da paciente, e esta, ao sentir-se valorizada e atendida, foi se acalmando.

No final do dia, apesar de exausta, Carol estava satisfeita. Quando o filho da Sra. Bradley chegou, por volta da hora do jantar, encontrou pela primeira vez a mãe de bom humor. "Esta é Carol, a melhor enfermeira que já tive", ela disse.

É bem mais fácil ser paciente com quem é paciente conosco. Mas quando rejeitamos uma pessoa impaciente, perdemos a chance de descobrir o poder da paciência. É sobretudo nas situações difíceis que constatamos como a paciência é capaz de mudar as pessoas. Mas isso só acontece quando nos comprometemos a amar autenticamente.

HÁBITOS A ADQUIRIR

Quando uma pessoa for particularmente impaciente com você, pense que é uma preciosa oportunidade de ser particularmente paciente com ela.

A paciência em ação

Ter paciência não significa cruzar os braços. Conheço pessoas capazes de ficar com a fisionomia impassível enquanto alguém esbraveja e se enfurece, e depois afastar-se sem dar uma palavra. Isto não é paciência. Pode ser indiferença e egocentrismo. A pessoa impassível não parece disposta a compreender a mágoa de alguém.

Paciência significa preocupar-se o suficiente para ouvir com empatia, tentando entender o que se passa dentro do outro. Essa escuta solidária exige tempo e é uma expressão de amor. Paciência pode significar permanecer calmo quando o que o outro diz nos magoa. A paciência diz: "Eu quero entender o que está acontecendo com você, qual é o sofrimento que o faz ser tão agressivo." Exige esforço, é um processo cheio de recaídas, mas vale a pena.

Optar por ouvir

Caryn diz ter aprendido esse princípio depois de uma discussão com o marido, quando os filhos eram pequenos. O marido avisou que no novo emprego passaria a chegar em casa às 17h30, mas quase sempre chegava por volta das 18 horas.

Inicialmente Caryn achou que aquele atraso não tinha importância, mas qualquer mãe sabe que meia hora depois de um dia inteiro cuidando de duas crianças com menos de 5 anos é uma *longa* meia hora. Um dia, quando Steve chegou novamente atrasado, Caryn perdeu a paciência.

– Acho que você está *mentindo* para mim – disse chorando.

Em vez de ficar na defensiva ou contradizer Caryn, Steve sentou-se ao seu lado, segurou sua mão e mostrou-se compreensivo.

– Tenha certeza de que não estou mentindo – disse – mas entendo o motivo de você se sentir assim. Sei que dói ser enganada. Sinto muito.

Steve disse as palavras que expressavam os sentimentos e as necessidades da mulher. Explicou-lhe as várias razões que o retinham no trabalho além da hora e reafirmou seu desejo de estar presente para ajudá-la.

Como o carinho paciente de Steve dissipou a raiva de Caryn, ela foi capaz de escutá-lo e acreditar nele. Steve, por sua vez, se deu conta do que aquela meia hora representava para a mulher. A relação do casal se fortaleceu. Mais de 30 anos depois, Steve ainda liga para Caryn no final do dia para avisar quando vai chegar mais tarde do que o previsto.

Paciência é disposição de querer entender o motivo por trás da agressividade do outro. Paciência nos torna capazes de romper o ciclo da raiva, mesmo quando somos ofendidos. Significa acolher os sentimentos do outro e ajudá-lo a sair desse estado.

Obtendo os fatos

Para compreender o que está se passando com o outro, você precisa de paciência. Muitas vezes, o momento da explosão não é o mais propício, e torna-se necessário esperar um pouco, mantendo uma atitude de acolhida. Na hora adequada, fazer perguntas para compreender os pensamentos e sentimentos da outra pessoa.

Michael, pai divorciado, sofria com as repetidas agressões de Brian, seu filho adolescente que morava com a mãe. Cada vez que estavam juntos, o rapaz acusava o pai de indiferença e abandono. Por mais que Michael fizesse, não havia jeito de satisfazer Brian. "Ele parece um saco sem fundo", pensava irritado. Começou a perder a vontade de sair com o filho, porque sempre voltava ferido dos encontros.

Certa vez, os dois estavam assistindo a um filme que tratava do relacionamento de uma família unida e amorosa. De repente, Michael percebeu que Brian soluçava. Colocou a mão no ombro do filho, mas foi rechaçado com violência.

Nesse dia, operou-se uma transformação. Michael entendeu profundamente o sofrimento de Brian e resolveu investir com toda a paciência necessária para demonstrar seu amor. Consciente de que seria impossível ter uma conversa, começou a mandar inicialmente pequenos bilhetes reafirmando seu amor, sua saudade, seu desejo de estar com o filho. Brian não respondia, nem acusava recebimento. Mas Michael não desistiu e pôs-se a escrever cartas mais longas, falando da dor dilacerante que fora a separação, por saber que não acompanharia o crescimento do filho no cotidiano, que ficaria privado de momentos preciosos de convívio. Foi um lindo exercício de paciência.

Um dia, Brian telefonou para o pai, pedindo um encontro. Abraçaram-se longamente e choraram juntos. Depois, abriram o coração um para o outro e falaram durante horas. As raivas, as desconfianças, o ciúme e o amor foram colocados para fora. Michael ficou impressionado com a leitura que o filho fazia de suas atitudes e palavras, e de como atos realizados com a melhor das intenções podiam ser mal interpretados.

Foi um momento crucial na vida dos dois. O que não significa que não tenha havido crises e agressões posteriores. Mas o caminho para o diálogo e para o entendimento estava aberto, e pai e filho puderam construir uma relação amorosa que fez a felicidade dos dois.

HÁBITOS A ADQUIRIR

Quando uma pessoa está com raiva, faça do ato de escutar um instrumento para lidar com a frustração dela.

Demonstração de paciência

Sábado à noite. Aeroporto Internacional O'Hare em Chicago. Sentei-me com vários passageiros na sala de espera, todos impacientes para chegarmos ao destino final. O funcionário anunciou um atraso na partida por causa do tempo. Lá fora, chovia torrencialmente e o vento soprava inclemente.

Depois de uma espera de 30 minutos, o funcionário anunciou um atraso adicional. A chuva e o vento não paravam.

Quinze minutos depois, a chuva diminuiu e o vento acalmou. Achei que em breve poderíamos embarcar. Em vez disso, às 23 horas, foi anunciado o cancelamento do voo.

Quando a palavra *cancelado* foi pronunciada, o homem sentado ao meu lado levantou-se, correu até o guichê e gritou bem alto:

– O que quer dizer com "cancelado"? Já parou de chover. Não está ventando. Como pode ter sido cancelado?

O funcionário respondeu calmamente:

– Senhor, não foi uma ordem minha. Não tenho poder sobre tais decisões...

– Bem – interrompeu o homem –, alguém precisa nos dar uma explicação. É óbvio que o tempo não é o motivo.

O funcionário continuou respondendo o mais calmamente possível, mas o homem não se conformava. Ante a notícia de que todos os voos tinham sido cancelados, que o próximo só sairia na manhã seguinte e que os passageiros seriam levados para um hotel, continuou reclamando em altos brados, numa agressividade tão crescente que o funcionário ameaçou chamar a polícia.

Ante a ameaça, o homem disse:

– Aceito o quarto de hotel. – Mas foi vociferando pelo caminho, perturbando quem estava ao seu lado.

É claro que nenhum dos outros passageiros estava contente em perder o voo e passar a noite em Chicago. Mas a exibição de impaciência de nosso colega nos lembrou de que palavras rudes não alteram a realidade, e que diante de uma situação inelutável, temos duas alternativas: exasperar-nos, prejudicando a nós mesmos e aos que nos cercam, ou aceitar o que não pode ser mudado e viver a experiência da melhor forma possível. Naquela noite, liguei avisando do atraso, assisti a um bom filme na televisão do meu quarto, tomei um banho reconfortante e dormi profundamente até ser acordado para embarcar.

Enfrentando a raiva

Todos passamos por situações nas quais alguém criou extrema tensão por ficar impaciente e não conseguir controlar a língua. O sentimento da raiva é muitas vezes inevitável, assim como a mágoa, a decepção e a frustração. Não há nada de errado com essas emoções. O importante é a maneira como as administramos e expressamos. Se partirmos para o ataque, com palavras ásperas, amargas e acusatórias, a situação só ficará pior. Mas se apelarmos para a paciência e procurarmos entender as razões dos outros, seremos capazes de dominar os sentimentos, e não sermos avassalados por eles.

Paciência não significa "concordar" com alguém para evitar uma discussão. Paciência é iniciar um diálogo para compreender os sentimentos, pensamentos e comportamento do outro. Podemos não aprovar o comportamento, mas se compreendemos o que se passa na mente e no coração de nosso interlocutor, seremos capazes de responder de modo mais construtivo. E quando ouvimos antes de falar, nos tornamos mais capazes de dizer palavras de consolo e apoio.

Uma voz positiva

Você se irrita porque sua amiga está atrasada para o encontro que marcaram. Quando ela chega, 30 minutos depois, você tem duas opções: botar para fora sua raiva ou perguntar o motivo do atraso e escutar.

Depois das explicações, você pode concluir que a amiga é de fato irresponsável em matéria de horários e achar que sua raiva é legítima. Mas mesmo então cabe a você escolher como reagir. Suas palavras podem expressar impaciência e crítica, o que provavelmente dará início a uma discussão e estragará o encontro. Mas pode também expressar sua raiva com paciência, dizendo tranquilamente: "Confesso que fiquei magoada e desapontada por você estar atrasada. Mas acho que nenhuma de nós quer estragar o programa. Então vamos deixar isso de lado e aproveitar a noite." Com essa reação paciente, você salvou uma noite que, do contrário, estaria perdida. E preservou uma amizade. Foi honesta sobre seus sentimentos, mas escolheu ter paciência com as imperfeições da amiga, expressando-se com palavras positivas.

Palavras ríspidas e condenatórias sempre criam tensão. A paciência nos convida a falar a linguagem do amor.

Recentemente tive a chance de colocar em prática essa sabedoria. Minha mulher e eu estávamos acabando de jantar quando ela me disse:

– Querido, quando você viajou para a Alemanha há mais ou menos um mês, combinamos que eu pagaria as contas enquanto você estivesse fora. – Fez uma pausa e respirou fundo antes de continuar. – Bem, eu paguei algumas, mas hoje de manhã encontrei esta pilha de contas no meu armário e me dei conta de que esqueci de pagá-las. Algumas já venceram.

Foi minha vez de respirar fundo. Olhei para ela, sorri e disse:

– Essas coisas acontecem, não sofra com isso. Pode deixar que eu pago as contas atrasadas.

Karolyn sorriu agradecida. Ela e eu sabíamos que houve uma época em que eu teria explodido por conta do seu esquecimento e a teria recriminado duramente pela omissão. Ficaríamos distantes um do outro e teríamos uma noite catastrófica. Em vez disso, nos aproximamos, porque fui solidário com a dificuldade de minha mulher, e ela me amou mais por minha compreensão.

Toda vez que nos frustramos, temos uma escolha. Podemos atacar com palavras ofensivas, ou podemos perguntar, ouvir, tentar entender e escolher palavras que tragam conforto. É também a forma mais construtiva de promover o crescimento do outro.

A eficácia da paciência

A ideia de ser paciente pode parecer quase impossível quando examinamos a longa lista de solicitações e obrigações do cotidiano. E se a paciência justificar nossa preguiça e nos fizer perder prazos?

Mas quem disse que paciência leva à ineficiência? Como contrabalançar paciência com a necessidade de cumprir as tarefas?

Qualidade de trabalho

Emoções, conflitos e necessidades humanas raramente são bem organizados e muitas vezes criam tumulto interno. Aprender a administrá-los de modo positivo é fundamental. Quando somos pacientes, reconhecemos que os relacionamentos são mais importantes do que os compromissos profissionais. E nos surpreendemos ao constatar que quando colocamos os relacionamentos em primeiro lugar e exercitamos a paciência em todos os lugares, nossa produtividade aumenta e a qualidade do trabalho melhora.

Uma gerente administrativa me contou sua história de apelar para a paciência mesmo quando temia estar chegando ao seu limite: "Fiquei perturbada com a falta de produtividade de uma de minhas assistentes. Toda noite comentava o assunto com o meu marido. Um dia ele virou-se para mim e disse: 'Provavelmente tem alguma coisa acontecendo na vida dessa moça que explica sua falta de produtividade. Por que não conversa com ela?'

"Francamente, não queria perder meu tempo, pois não gostava da funcionária. Seria mais fácil demiti-la. Mas fui me aproximando dela aos poucos e no final do mês convidei-a para almoçar. Falei sobre meu filho e alguns dos problemas que vínhamos tendo com ele. A moça então se abriu e me falou dos sérios conflitos com o filho adolescente, envolvido com drogas. Compreendi o que a estava perturbando, e nas semanas seguintes ajudei-a a colocar o filho num programa para dependentes químicos.

"Tudo isso aconteceu há mais de um ano, e hoje ela é uma das melhores de nossa equipe. Com essa experiência, aprendi que, quando as pessoas se sentem amadas, são muito mais produtivas no trabalho. Agradeci a meu marido várias vezes por ter me encorajado a conversar com ela em vez de demiti-la."

Isso significa que o ser humano deve sempre ter prioridade. Toda vez que escolhermos ter paciência com alguém, em vez de agir impensadamente diante de comportamentos confusos ou inadequados, ganhamos uma compreensão mais profunda do valor da pessoa.

A paciência pode ser uma de nossas mais eficientes escolhas.

Deixando a pressa de lado

No livro *Be Quick – But Don't Hurry!* (Seja rápido – mas não se apresse), Andrew Hill, ex-presidente da CBS Productions, relata o que aprendeu com o treinador de basquete John Wooden. Considerado um dos melhores treinadores da história, Wooden levou a UCLA a vencer 10 campeonatos em 12 anos. Seus ex-jogadores, entre eles Andrew Hill, lembram-se que uma de suas frases favoritas era justamente o título do livro: *Seja rápido – mas não se apresse.*

O treinador reconhecia a importância de agir com rapidez, mas também sabia que o trabalho feito às pressas pode ser vão. Hill aplica o princípio à vida fora das quadras de basquete, escrevendo que "impaciência e objetivos infundados sabotarão um talentoso grupo de indivíduos em qualquer ambiente de trabalho." Num mundo de mensagens instantâneas, podemos nos concentrar tanto para terminar rapidamente todas as tarefas que sacrificamos a qualidade do trabalho ou nos esquecemos das pessoas que podemos magoar em nossa busca pela velocidade.

Uma atitude apressada, mesmo quando se está sozinho, afeta nosso equilíbrio. Você já tentou andar rápido nas esteiras rolantes do aeroporto e se desequilibrou ao sair? Seu corpo fica tão acostumado à rapidez, que o piso imóvel parece estranho. Se você mantiver o espírito impaciente o dia inteiro, criará conflitos quando precisar diminuir o ritmo para interagir com a família. Quando amamos intencionalmente, nos tornamos conscientes da inutilidade da pressa e diminuímos o ritmo – em benefício de nós mesmos e daqueles com quem convivemos.

O teste do marshmallow

Há mais de 40 anos, o Dr. Walter Mischel coordenou um extenso estudo na Universidade de Stanford que ficou conhecido como "O teste do marshmallow". Um pesquisador colocou um marshmallow diante de uma criança de 4 anos e disse: "Você pode comer um marshmallow agora, mas se esperar enquanto eu vou ali fora, pode comer dois quando eu voltar."

Algumas das crianças comeram o marshmallow imediatamente. Outras esperaram alguns minutos antes de comê-lo. Cerca de um terço esperou até o pesquisador voltar e então usufruiu a recompensa dos dois marshmallows. (Muitas dessas crianças cantaram, conversaram sozinhas, olharam para os lados, cobriram os olhos, ou até pegaram no sono enquanto esperavam.)

Quatorze anos depois, o Dr. Mischel entrevistou novamente os agora jovens. Descobriu que aqueles que, quando crianças, haviam comido logo o marshmallow eram teimosos, impacientes e se deixavam frustrar facilmente. Mesmo como jovens adultos, preferiam algo a curto prazo do que esperar pacientemente por coisa melhor.

Por outro lado, os que haviam esperado tinham melhor autoestima e obtiveram notas mais altas nos exames de admissão para a faculdade, além de serem considerados confiáveis e mais bem adaptados socialmente. Ao projetarem seu futuro, revelavam habilidade para adiar a gratificação imediata, ocupando a mente com objetivos mais importantes.

Esse famoso "teste do marshmallow" nos alerta para a importância de estabelecer prioridades para fazer nossas escolhas. Podemos saborear uma demonstração de poder, manifestando irritação com um funcionário que cometeu um erro, mas o sentimento de superioridade provavelmente se esvairá antes que ele saia da sala. Quando agimos com paciência, buscamos o crescimento do funcionário, mesmo compreendendo que ele não é perfeito. Como também nós não somos. Nosso investimento nessa relação pode conduzir a um sucesso a longo prazo - tanto para ele quanto para nós.

Cultivar o traço da paciência aumenta nossas chances de sucesso e satisfação. Quando nos comprometemos a amar autenticamente, nos tornamos capazes de nos concentrar no que é mais importante e esperar pacientemente se for necessário.

Tornando-se paciente consigo mesmo

Mais importante do que aprender a ser paciente com os outros é aprender a ser paciente com nós mesmos. Tudo na vida é um processo, inclusive o aprendizado da paciência. Gosto da explicação dada por Erich Fromm, psicanalista mundialmente famoso: "Para se ter uma ideia do que é a paciência, basta observar uma criança aprendendo a andar. Ela cai, levanta, torna a cair, levanta outra vez e, no entanto, continua tentando, melhorando, até que um dia anda sem cair. O que não poderia o adulto realizar se tivesse a paciência da criança e sua concentração nos objetivos que lhe são importantes?"

A maioria de nós vive sob uma carga considerável de estresse, causado pelo excesso de responsabilidades, pouco dinheiro, tempo escasso, saúde debilitada ou relacionamentos rompidos. Seja qual for a fonte do estresse, a tendência é nos impacientarmos ao sentir a pressão da vida sobre nós. Acabamos nos tornando perfeccionistas. Queremos fazer tudo certo e na hora exata. Quando fracassamos, ficamos irritados com nós mesmos e nos censuramos: "Não posso acreditar que fiz isso! Como pude ser tão idiota? Por que não pensei duas vezes? Por que fui tão impulsivo?" Essa autoacusação não produz crescimento. Pelo contrário, nos conduz a um desânimo ainda maior.

Se queremos amar os outros,
precisamos ser pacientes com nós mesmos.

Se somos impacientes com nós mesmos, provavelmente seremos também com os outros. Estabelecemos o mesmo nível de exigência para nós e para os demais, e com frequência esse padrão é irreal para qualquer pessoa.

Não se trata de baixar o padrão de exigência em relação a nós mesmos, mas de investir no processo de crescimento. Se você realizou um trabalho que o deixou insatisfeito, reconheça os aspectos positivos e se pergunte: "O que posso aprender com essa experiência?" Quando somos pacientes, admitimos, para nós mesmos e para os outros, que cada fracasso pode ser o ponto de partida para o sucesso.

O processo de desenvolver a paciência

Como criaturas egoístas, temos a tendência de fazer e dizer o que julgamos ser melhor para nós. Nosso primeiro instinto, quando magoados, é reagir agressivamente. Mas todas as vezes que somos impacientes com os outros, perdemos uma oportunidade de expressar o amor. A paciência é um fantástico traço de caráter que pode fazer a diferença entre deixar no mundo um legado positivo ou negativo. O que fazer, então, quando a impaciência está arraigada, não apenas ao falso eu de nossa natureza humana, mas também a nossos hábitos?

> A paciência pode fazer a diferença entre deixar no mundo um legado positivo ou negativo.

Romper com antigos padrões

Normalmente, ingressamos no caminho para a paciência quando admitimos os erros passados, não para nos censurarmos, mas para repará-los. Descobri que quando me disponho a pedir desculpa aos outros por um comportamento impaciente, eles se mostram dispostos a perdoar. Pedir desculpas é um modo de admitir meus erros e, ao mesmo tempo, de comunicar que não estou feliz com eles. Compreendo que meu erro magoou alguém e me sinto motivado a construir pontes de acesso à pessoa ofendida, com o objetivo de expressar amor verdadeiro e abrir o potencial para um futuro relacionamento.

Uma vez reparados os erros anteriores, estamos prontos para começar a romper com os antigos padrões de impaciência e substituí-los pelos da paciência. A única forma é identificá-los. Pergunte a si mesmo: "Como costumo reagir quando estou com raiva de alguém?" Responda e terá identificado os padrões negativos que precisam ser substituídos.

Uma amiga me contou recentemente que ligara para o escritório do marido pedindo-lhe que passasse no supermercado e comprasse o leite em pó do bebê. Estava exausta, pois o filho lhe dera muito trabalho durante o dia. "Quando, ao chegar em casa, ele me disse que tinha esquecido, gritei: 'Como é possível? Você esqueceu que tem um filho? Passei o dia inteiro cuidando dele, e você nem me dá valor. Não posso contar com você para nada!' Sem uma palavra, meu marido entrou no carro e foi ao supermercado comprar o leite em pó. Enquanto ele estava fora, minhas palavras não pararam de ecoar em minha mente. Eu disse a mim mesma: 'É assim que você reage ao se sentir frustrada com o comportamento dos outros.' Tinha perfeita consciência de quanto fora agressiva e sabia que isso era prejudicial para nossa relação, pois eu o humilhara. Quando meu marido voltou, pedi desculpas e disse quanto ficara triste por tê-lo ferido. Acrescentei que eu também de vez em quando esqueço das coisas e que lamentava profundamente ter despejado minha frustração nele.

"No domingo seguinte estava na igreja, e na hora do sermão o pastor disse: 'Hoje quero compartilhar com vocês algumas ideias sobre como controlar a raiva e a frustração.' Fiquei pasma. O discurso era para mim. Peguei papel e caneta.

"O pastor mencionou dois provérbios que mudaram minha vida para sempre. O primeiro dizia: 'Se foste louco sem pensar e depois pensaste, mão na boca; apertas o leite e sai manteiga, apertas o nariz e sai sangue, apertas a ira e saem as rixas!' O orador enfatizou: 'mão na boca' quando perceber que está fazendo alguma censura. Tomei ao pé da letra o ensinamento e durante o mês seguinte tapei a boca com a mão várias vezes. O hábito de falar antes de pensar começou a ser rompido.

"O outro provérbio era: 'Uma resposta branda aplaca a ira, a palavra ferina atiça a cólera.' Quando, apesar de estarmos zangados, falamos com calma, temos menos chance de produzir raiva no coração do outro. Então, quando tirei a mão da boca, passei a ser mais capaz de falar com delicadeza. Essas duas práticas mudaram o modo como reajo à frustração. Sinto-me bem melhor comigo mesma e tenho certeza de que minha família e meus amigos apreciam a mudança ocorrida em minha vida."

Essa mulher demonstrou dois importantes princípios para aprimorar a paciência.

1. ***Descubra um método para romper com padrões negativos desenvolvidos ao longo do tempo.*** Para algumas pessoas isso significa tapar a boca. Para outras, contar até 100 antes de dizer alguma coisa, dar uma volta no quarteirão antes de responder, ou simplesmente sair da sala durante alguns minutos. Outra mulher me disse que, quando sente raiva, vai regar as flores. "No primeiro verão, quase afoguei minhas rosas." É melhor ter rosas encharcadas do que prosseguir num estilo de vida negativo. Esses são modos de, conscientemente, interromper padrões antigos e preparar o terreno para mudanças positivas.

2. *Substitua o comportamento negativo pelo positivo.* Para muitos, o comportamento positivo consiste em aprender a falar com mais suavidade. Quase sempre a forma agressiva impede que o outro acolha o conteúdo do que está sendo dito, por mais válido que seja.

Outros optam por escrever antes de falar, ou anotam perguntas que gostariam de fazer para compreender a situação com mais clareza, antes de dar uma resposta.

Um homem me contou que aprendeu a estabelecer novos padrões começando conversas mais sérias com a mulher com as seguintes palavras: "Quero que você me ouça de coração aberto e que pense antes de reagir, porque eu te amo muito e tudo o que desejo é que haja harmonia entre nós."

"Esse preâmbulo me acalma", disse-me ele depois, "e ajuda-a a escutar porque faz com que ela saiba que não quero magoá-la e quanto prezo a nossa relação."

Aceitando a realidade

Outro passo que ajuda no processo de desenvolver a paciência é perceber, pela experiência, que ser impaciente não contribui para melhorar a situação. A agressividade daquele homem no aeroporto de Chicago não impediu que ele acabasse passando a noite no hotel, provavelmente num estado de tensão e exasperação. Além de não resolver o problema, a reação impaciente pode magoar os outros e nos constranger. E, sobretudo, não demonstra amor autêntico. O comportamento impaciente não apenas é inútil, mas também prejudicial à causa da vida repleta de amor e capaz de realizar-nos como seres humanos.

Solucionando o problema

O passo final para desenvolver a paciência é concentrar-se na solução, não no problema. Minha amiga cujo marido esqueceu de levar para casa o leite em pó do bebê reagiu agressivamente à situação, sem resolver o problema central que era alimentar o filho. Ao se concentrar no que considerou ser um comportamento irresponsável do marido, passou a recriminá-lo. Se tivesse se concentrado na solução, poderia ter dito: "Querido, não temos leite para o bebê hoje à noite. Você pode ir comprar no supermercado?" O marido teria tido provavelmente uma atitude bem mais positiva, e o relacionamento não teria sido desgastado.

A paciência põe em foco o problema, não a pessoa.

Quando sentimentos negativos afloram por causa do comportamento ou das palavras de alguém, o problema não se evapora com o passar do tempo e exige solução. Nesse caso, a paciência exerce um papel importante. A paciência nos faz aceitar a imperfeição do outro, por mais que ela nos perturbe, e faz com que nos concentremos na solução do problema, em vez de condenar a pessoa.

O opositor da paciência: o orgulho

O óbvio opositor da paciência é a impaciência. Mas qual é a origem da impaciência? Em geral é o orgulho que nos faz reagir com rispidez. O orgulho nos faz apontar o dedo para o outro e dizer: "Estou certo e você está errado. Fiquei indignado e não posso ser paciente, porque isso significaria ceder, e você não merece isso."

O escritor Will Durant, vencedor do prêmio Pulitzer, disse certa vez: "Falar mal dos outros é uma forma desonesta de nos elogiarmos." Muitas vezes colocamos as pessoas para baixo e as desvalorizamos com comentários impacientes, num desejo inconsciente de sobressair.

Se queremos que nossos sentimentos sejam reconhecidos para podermos estabelecer relacionamentos mais intensos e honestos, estamos agindo por amor. Nesse caso, falamos a verdade delicadamente e procuramos ouvir e acolher a verdade do outro. Mas, quando nos exaltamos e nos mostramos superiores, estamos agindo por orgulho. O orgulho nos impede de reconhecer que a pessoa com quem estamos zangados tem tanto valor quanto nós mesmos, e que também somos capazes de errar. Dessa forma é impossível solucionar qualquer problema.

A paciência nos permite reconhecer nossas próprias falhas e nos tira do lugar de donos da verdade. Ela nos dá muita paz e nos livra dos gestos impulsivos e egoístas que nos roubam a alegria.

Uma nova atitude

Andrew, filho de Keri, já aos 4 anos tinha crises frequentes de asma. Por vezes, a única coisa a fazer durante um ataque agudo era esperar que passasse, o que exigia extrema paciência de toda a família.

Como o pai de Andrew estava inteiramente dedicado à sua tese de doutorado, Keri fazia o possível para poupar o marido durante as crises do filho. Desesperado com a dificuldade de respirar, a única coisa que confortava o menino era ficar nos braços da mãe. Nos poucos minutos em que ele caía no sono, Keri aproveitava para tomar banho ou comer alguma coisa. Mas logo Andrew voltava a acordar assustado, gritando pela mãe.

Depois de um dia inteiro assim, Keri se encontrava no auge do estresse e do cansaço. A casa estava uma bagunça. O filho mais velho chegaria da escola em pouco tempo, e o marido entraria cansado ao final de um longo dia na biblioteca. E ela não tivera nem mesmo a chance de fazer uma refeição decente.

Então, olhou para o filho adormecido. *Quantos meses ou anos terei para abraçá-lo assim?*, pensou. *Deve ser assustador não conseguir respirar. Hoje é um dia. Apenas um dia.* Com um esforço deliberado escolheu ser paciente e viver dia a dia, até o momento maravilhoso em que Andrew ergueu a cabeça, sorriu e pediu biscoitos de chocolate.

Em vez de exasperar-se com a doença de Andrew, Keri acolheu amorosamente o medo e o desconforto daquele menininho de 4 anos. Decidiu que, em vez de concentrar-se em tudo o que estava perdendo, procuraria ter paciência para tratar dele durante a crise. Conscientizou-se de que não havia nada no mundo mais importante do que dar carinho e afeto para o filho.

Raiva e frustração não ajudariam Andrew a respirar com mais facilidade. Mas a paciência permitiu a Keri sentir paz numa situação difícil e vivenciar plenamente o amor autêntico.

Se uma situação difícil com qualquer pessoa parece controlar sua vida, pare e reflita: como seria trocar essa exasperação e raiva por uma atitude de paciência e compreensão? A princípio, talvez pareça uma ideia impossível, mas decidir ser paciente, e aceitar mesmo algumas recaídas, faz toda a diferença. Como todos os traços das pessoas capazes de amar, a paciência começa com uma escolha, seguida por outra, e mais outras, até se tornar um lindo hábito.

Como seriam seus relacionamentos se você...

- Tratasse todos, inclusive você mesmo, como uma pessoa em processo de crescimento, não uma máquina?
- Mostrasse com suas palavras e ações que valoriza mais os relacionamentos do que a pressa?
- Se abrisse para ouvir e compreender o que o outro está pensando e sentindo?
- Eliminasse as palavras duras e de condenação e aprendesse a falar carinhosamente?

- Buscasse encontrar soluções para os problemas, não alguém em quem jogar a culpa?

Personalizando

Questões para discussão e reflexão

1. Qual o sinal mais típico de impaciência da nossa cultura?
2. Você acredita que nossa sociedade é mais ou menos paciente do que há 100 anos? Por que acha que isso aconteceu?
3. Você já viu uma atitude paciente de alguém mudar uma pessoa para melhor?
4. Pense na última vez que demonstrou impaciência com alguém. Como você reagiu? O que o deixa mais impaciente? Por quê?
5. Você se considera uma pessoa autocomplacente? Por quê? Quando foi a última vez que demonstrou impaciência consigo mesmo?
6. Pense em dois ou três exemplos de alguém que foi paciente com você. Como a paciência do outro afetou sua atitude?

Opções práticas

1. De que maneiras você poderia expressar paciência esta semana consigo mesmo, com seu cônjuge, seus filhos ou outra pessoa amada?
2. Você se lembra de um momento, na semana passada, em que perdeu o controle e agrediu verbalmente alguém? O que disse? Como isso afetou seu relacionamento com aquela pessoa? Se suas palavras foram prejudiciais, está disposto a admitir seu erro e pedir desculpa? Em caso afirmativo, faça-o o mais rápido possível.
3. Escreva as seguintes frases numa ficha e leia-as uma vez por dia, o resto da semana:

- As pessoas não são máquinas. Têm ideias, emoções, desejos e percepções diferentes das minhas.
- As pessoas não funcionam como eu. Suas reações podem ser diferentes das minhas. Escolho respeitar as opções dos outros.
- Todos nós estamos em constante processo de crescimento. Escolho ter paciência para respeitar esse processo.
- Minha paciência me ajuda a crescer e me faz mais feliz.

CAPÍTULO 4

Capacidade de perdoar

Livrar-se do domínio da raiva

O perdão não é um ato ocasional; é uma atitude permanente.

– MARTIN LUTHER KING JR.

No dia 2 de outubro de 2006, Charles Carl Roberts entrou na sala de uma escola amish na Pensilvânia e matou cinco alunas, antes de se suicidar. Seu gesto chocou o país. No entanto, o que mais abalou o público foi que, horas depois, vizinhos amish procuraram a mulher e os três filhos de Roberts numa atitude de compaixão. Deixaram claro que não nutriam raiva por Roberts e que desejavam reconciliar-se com a família dele. Dias depois, membros da comunidade amish compareceram ao enterro de Roberts e levantaram fundos para ajudar a sustentar sua família.

O perdão é parte tão intrínseca da atitude dessa comunidade que não entra em questão se um assassino merece justiça ou compaixão. O amor é realmente um modo de vida para eles.

PERDÃO: usar a honestidade e a compaixão para se reconciliar com alguém que o magoou.

A violência, embora terrível, é previsível na cultura de hoje. O perdão, porém, nos surpreende. O mundo teria compreendido se as famílias daquelas cinco estudantes tivessem reagido com raiva e exigido vingança. Mas a comunidade amish da Pensilvânia sabia que a única maneira de se curar seria através do perdão.

É provável que você e eu não precisemos perdoar alguém em circunstâncias tão dramáticas. Mas as circunstâncias pouco importam. O importante é saber que o perdão é uma das sete principais características do amor, e que se queremos ser pessoas capazes de amar, precisamos aprender a perdoar. Devemos aprender a perdoar tanto as mágoas mais profundas como as pequenas ofensas cotidianas para que a reconciliação mantenha vivos e saudáveis nossos relacionamentos.

Será que eu sei perdoar?

1. Quando alguém me magoa, minha tendência é...
   a. Parar de falar com a pessoa até ela me pedir desculpas.
   b. Ignorar o ocorrido e seguir em frente.
   c. Expor à pessoa meus sentimentos.

2. Se alguém que amo se recusa a me pedir desculpas, eu...
   a. Fico zangado e rompo relações.
   b. Finjo não me importar.
   c. Digo-lhe que estou sempre disposto a perdoar.

3. Quando penso em algum mal que me fizeram eu...
   a. Lembro à pessoa a dor que me causou.
   b. Digo a mim mesmo que não deveria ter esse tipo de pensamento.
   c. Tento livrar-me da raiva e pensar em outra coisa.

4. Quando cometo um erro, tenho a tendência a...
   a. Explicar que não foi culpa minha.
   b. Pensar no erro e me sentir culpado.
   c. Procurar a pessoa e pedir perdão.

5. Quando alguém me acusa de algum erro que cometi, eu...

a. Fico na defensiva e jogo a culpa em outra pessoa.

b. Mudo de assunto.

c. Confesso meu erro e peço perdão.

Neste curto teste, se a opção "a" tiver sido a resposta mais frequente, é provável que você quase sempre reaja com raiva ao sentir-se magoado. Talvez seja preciso tornar-se mais consciente de como a raiva o afeta. Se "b" foi a resposta mais frequente, você provavelmente tende a evitar conflitos num relacionamento – mesmo que isso represente erguer uma barreira ou distanciar-se do outro. O objetivo deste capítulo é compreender por que as opções apresentadas no item "c" são tão importantes para um amor autêntico.

Paixão pela justiça, uma capacidade de amar

Lembro de um marido que me disse: "Senti tanta raiva da minha mulher e do amante dela... Queria que ambos pagassem pela dor que causaram a mim e a meus filhos." Tais sentimentos são perfeitamente normais. Quando alguém nos faz sofrer, a vontade é revidar.

Há em nós um profundo desejo de justiça que o poder transformador do amor autêntico não remove. Fomos criados para amar e sermos amados. Algumas leis naturais governam nossas decisões e o desejo por justiça está enraizado em nosso ser.

> O verdadeiro perdão só surge quando a justiça e o amor funcionam em conjunto.

O equilíbrio entre justiça e amor cria uma tensão presente em tribunais e relacionamentos todos os dias. Ouça os comentários de pessoas ao ouvir uma sentença judicial:

- "A causa da justiça foi prejudicada neste caso."
- "Ela recebeu o que merecia."
- "Concordo com a liberdade condicional, pois foi sua primeira transgressão, e ele parecia sinceramente arrependido."

O desafio do amor verdadeiro é que, nesta tensão, precisamos perdoar aqueles que nos prejudicaram, mesmo reconhecendo o mal que causaram. O marido traído pela mulher me contou mais tarde: "Ela voltou três meses depois. Disse que tinha cometido um erro terrível, que estava muito arrependida e que desejava ter nova chance. Achei que não conseguiria perdoá-la, e de fato não houve um perdão imediato. Mas senti que ela estava sendo sincera e encontrei em mim a capacidade de perdoar. Hoje temos um casamento muito bom, e fico feliz ao pensar que o orgulho não me impediu de aceitar seu pedido de perdão."

Escolhendo perdoar

Victoria Ruvolo tinha todo o direito de estar com raiva. Como disse o promotor público, nenhuma punição seria dura o bastante para o crime cometido contra ela.

Victoria teve sorte em permanecer viva depois que um delinquente de 18 anos atirou um objeto pesadíssimo contra o para-brisa de seu carro, quebrando quase todos os ossos de seu rosto. Victoria enfrentou 10 horas de cirurgia e passou um mês no hospital antes de poder voltar para casa, onde levou meses na terapia de reabilitação.

Ainda assim, durante esse tempo de provação, manteve contato com seu agressor e o perdoou. No tribunal, uma cena assombrou as pessoas presentes. O jovem "caminhou hesitante e cauteloso até onde Victoria se encontrava e com os olhos marejados de lágrimas sussurrou um pedido de desculpas: 'Sinto muito pelo que fiz.' Victoria então se levantou. A vítima e o agressor se abraçaram, chorando. Ela afagou-lhe a cabeça e, enquanto ele soluçava, as testemunhas ouviram-na dizer: 'Está tudo bem. Quero que você faça o melhor que puder de sua vida.'" Dizem que os promotores públicos e os repórteres tentavam conter as lágrimas.

Quando o agressor recebeu a sentença, Victoria pediu ao juiz que fosse tolerante. Em sua declaração a favor do acusado disse: "Apesar de todo medo e dor, aprendi com essa terrível experiência e tenho muito a lhe agradecer. Não há lugar para vingança em minha vida e não acredito que a condenação do réu a um longo período de prisão traga qualquer benefício para mim ou para a sociedade."

E então o jovem pegou apenas seis meses. Victoria Ruvolo prosseguiu em seu depoimento: "Espero sinceramente que, ao demonstrar compaixão e tolerância, eu o tenha encorajado a buscar uma vida honrada. Se minha generosidade ajudá-lo a amadurecer e a se tornar um homem bom, responsável e honesto, que seja fonte de orgulho para seus entes queridos e sua comunidade, então me sentirei verdadeiramente recompensada e meu sofrimento não terá sido em vão."

Victoria não ignorava o fato de que uma longa sentença seria justificável. Mas como declarou posteriormente: "De que serviria a vingança? Deus me deu uma segunda chance, e eu a estou passando adiante." Para ela, o perdão era um bem maior do que a justiça.

As ações de Victoria Ruvolo nos fazem lembrar que o perdão tem o poder de mudar vidas. Como seu cunhado comentou, depois da emocionante cena no tribunal: "Ela o abraçou como uma mãe abraçaria o filho, e quando disse 'Quero que você seja alguém', ele afirmou 'Eu serei, prometo que serei'."

Por que necessitamos do perdão

Tanto nos tribunais como em nossos lares, o perdão é um elemento essencial nas relações humanas. Isto é verdade por duas razões:

1. *O ser humano é verdadeiramente livre – livre para amar, livre para odiar.* Em virtude dessa liberdade, as pessoas por vezes tomam decisões desastrosas e caminham na direção errada. Quando o fazem, machucam a si mesmas e àqueles à sua volta.

2. *O perdão é necessário nas relações humanas porque nossa liberdade quase sempre nos leva a trilhar o caminho do egocentrismo.* Nossa primeira pergunta é "O que é melhor para mim?". Dominados por nosso falso eu, em geral tomamos decisões visando apenas ao nosso bem, mesmo em prejuízo dos outros. A história da humanidade é permeada de gestos movidos pelo interesse próprio, e a mídia os exibe diariamente. Mas se as paredes das casas pudessem falar, quantas revelariam palavras duras, conversas aviltantes e abuso físico que jamais serão divulgados?

Viver é ter o potencial de magoar os outros e ser magoado. Sem o perdão, quando o mal se instala, resta-nos apenas a justiça. E é isso que queremos para nós mesmos quando erramos? A principal pergunta é: "Já que somos livres para agir segundo nossa natureza egoísta, como podemos viver uma existência de amor?"

A resposta é: todos temos o poder de superar nossa natureza egocêntrica e aprender a viver generosamente. Isto inclui perdoar aqueles que nos ofenderam. O que não significa ignorar o mal que nos fizeram, pois nosso senso de justiça nos leva a reconhecer o mal para evitá-lo e combatê-lo. Mas o amor é mais capaz de realizar essencialmente o ser humano do que a pura justiça. E o perdão é a autêntica opção amorosa. Quando nosso verdadeiro eu prevalece, o desejo de reconciliação se torna maior do que o desejo de vingança.

Aprendendo a perdoar

Eis o que acontece quando o amor autêntico nos leva a perdoar. Primeiro, um erro é cometido: alguém nos trata injustamente. Ficamos magoados e enraivecidos, pois nosso senso de justiça foi violado. Nossa primeira reação é clara: repreender a pessoa que nos fez mal. A palavra *repreender* significa "manter preso, manter ligado", "não permitir que a atenção do outro se desvie de um determinado ponto". Em resumo, confrontamos a outra pessoa por sua falta. Normalmente, é melhor esperar que a cabeça esfrie antes de censurar. O amor autêntico exige que demonstremos respeito pela outra pessoa, apesar do que ela fez. Quando amamos, somos capazes de confrontar o outro com gentileza, honestidade e desejo de perdoar. Confrontamos porque não queremos que qualquer coisa estrague o relacionamento.

O próximo passo, idealmente, é que a outra pessoa reconheça o erro e manifeste o desejo de não repeti-lo. Isso é o que mais queremos quando confrontamos quem nos ofendeu, pois então pode haver o genuíno perdão. Deixamos de lado a raiva e restabelecemos a relação rompida. Começamos o processo para readquirir confiança, sem permitir que sentimentos de mágoa e decepção controlem nosso comportamento. Esse tipo de perdão exige a participação de ambas as partes.

Não podemos perdoar de verdade sem a participação de quem nos magoou.

Os limites do perdão

É importante tomarmos consciência das dificuldades ligadas ao ato de perdoar.

• *O perdão não chega facilmente.* Uma mulher cujo marido mais uma vez perdeu o dinheiro do casal no jogo chorou ao perguntar: "Como posso perdoá-lo se ele me magoou tão profundamente? Como ele pôde mentir para mim desse jeito, quando eu só queria ajudá-lo? Sinto-me tão ofendida!" Levou tempo, mas foi só quando o marido admitiu sua falha de comportamento e entrou num programa de reabilitação, que ela começou a exercitar o perdão. Cinco anos depois, ela me disse: "Foi a decisão mais difícil e mais acertada da minha vida. Estou tão feliz por não ter desistido dele!"

• *O perdão não remove todas as consequências dos erros passados.* Digamos que, na infância de meus filhos, eu tenha passado pouco tempo com eles e que, quando estávamos juntos, eu dizia palavras duras, críticas, aviltantes e demonstrava pouco amor. Anos depois, procuro meus filhos, já adolescentes, confesso minhas falhas e peço perdão. Vamos imaginar que eles escolham me perdoar. O perdão não cura todas as cicatrizes emocionais do passado. Não traz de volta as oportunidades perdidas de convívio afetuoso com meus filhos pequenos. O que o perdão faz é abrir a possibilidade de um melhor relacionamento no futuro. Com o tempo, por meio de conversas e, eventualmente, aconselhamento terapêutico, talvez meus filhos possam vir a encontrar a cura para as marcas deixadas pelos erros que cometi. O perdão fornece a base para que esta cura aconteça.

• *O perdão não restaura a confiança de imediato.* A jovem que foi magoada pela desonestidade da amiga pode perdoá-la, depois de sua confissão e mudança de atitude. Mas a traição destruiu a confiança. Esta só pode ser restaurada se a amiga se mostrar leal e honesta durante muito tempo no futuro. O perdão abre a porta para a possibilidade de renovar a confiança no tempo certo.

O perdão, por si só, não restaura a confiança.
Mas, sem o perdão, a confiança não pode ser restaurada.

• ***O perdão não apaga a lembrança.*** Cada acontecimento na vida é registrado no cérebro. Um acontecimento doloroso pode retornar repetidas vezes à consciência trazendo profundo sofrimento. Mesmo se escolhermos perdoar, será preciso buscar forças para superar o sentimento causado pelo ato de quem nos magoou. A escritora e colunista Anne Lamott escreve: "O perdão consiste em renunciar à esperança de ter tido um passado diferente." Quando agimos movidos pelo amor autêntico, escolhemos nos centrar no futuro, e não permitir que nossa mente permaneça presa aos erros passados, já perdoados. Optamos deliberadamente por remover a barreira da ofensa para permitir a restauração do relacionamento. Quando perdoamos, nosso amor deve esforçar-se para não se fixar na lembrança dos erros.

Negociando as diferenças

"Nosso casamento de 35 anos não foi perfeito", diz Gail, "mas eu e Don ainda nos amamos, ainda gostamos de estar juntos e ainda temos que negociar um com o outro – todos os dias! Às vezes acho que as coisas mais difíceis de compreender são esses hábitos do dia a dia. Don quase nunca me abraça, a não ser que eu peça, e perde a noção do tempo tão facilmente, que quase sempre nos atrasamos. Por sua vez, odeia tanto a bagunça que deixo na cozinha, que fica arrumando tudo quando ainda nem terminei de usar o que tirei do lugar. Eu sei que ele também gostaria de mudar muitas coisas em mim. Para falar a verdade, depois de 35 anos, ainda estamos aprendendo a viver bem juntos."

Gail e Don fizeram muitas concessões mútuas ao longo do tempo de convívio. Quando se casaram, as discussões quase sempre giravam em torno da limpeza da casa. Gail não se importava com sapatos na entrada, livros e papéis cobrindo a bancada da cozinha, e roupas no chão do closet. Don não apenas se incomodava com essas coisas, mas a bagunça de Gail o chocava. Ele tinha uma profunda necessidade de ordem. Gail, por outro lado, ansiava por demonstrações de amor, o que Don raramente fazia. Ele brincava com ela: "Eu amo você. Se isso mudar, eu aviso."

Depois de mais de três décadas, Gail e Don ainda estão aprendendo a se amar, apesar dos defeitos. Don desenvolveu maior tolerância à bagunça. Gail tenta arrumar as áreas comuns da casa com mais frequência, pois sabe que o marido vê isso como expressão de amor. Percebe que Don expressa seu amor por ela quando conserta seu carro ou prepara o jantar. Ele, por sua vez, tenta demonstrar seu amor com palavras e gestos mais explícitos.

A pura irritação com o comportamento do outro não convida ao perdão e ao pedido de desculpas. Pelo contrário, ela não favorece a negociação que pode levar à mudança ou à aceitação de comportamentos que nos mobilizam. Da mesma forma, conflitos de personalidade não conduzem necessariamente ao perdão. Uma pessoa é por natureza organizada, enquanto a outra é desordeira. Se as duas trabalham ou moram juntas, a tensão é inevitável. Em vez de levar a brigas e acusações, a tensão pode oferecer uma oportunidade de conversa, compreensão, mudança e aceitação das diferenças.

Claro, aprender a negociar diferenças nem sempre é fácil. Quando ficamos irritados, a reação mais frequente é despejar palavras duras e fazer acusações. Se isso acontece, precisamos nos desculpar e tentar obter o perdão. Todos sabemos que uma relação mais próxima sempre envolve a necessidade de pedir desculpas muitas vezes, simplesmente porque você sabe que seu comportamento magoou o outro. Como Don e Gail descobriram, dispor-se a perdoar pequenas ofensas é um passo em direção a adotar o amor como um estilo de vida.

HÁBITOS A ADQUIRIR

Praticar o perdão com pequenos gestos e pedir desculpas mesmo por pequenas ofensas.

Quando você precisa de perdão

O tiroteio na comunidade Amish na Pensilvânia poderia ter sido evitado se o assassino tivesse buscado e recebido perdão por um incidente na juventude. No bilhete que deixou, Roberts alegou ser perseguido pela lembrança de ter molestado duas meninas de sua família, 20 anos antes.

Provavelmente, nunca saberemos a história completa por trás das palavras de Roberts, ou como os erros passados motivaram a agressão terrível que cometeu. Mas sabemos que o perdão – tanto o concedido quanto o recebido – pode trazer cura e mudar vidas. Para amar autenticamente, precisamos admitir nossas faltas, reparar os danos que causaram e deixar de cometer os mesmos erros.

Se foi você quem ofendeu e magoou alguém, tome a iniciativa de buscar a reconciliação. Se, antes disso, a pessoa magoada confrontá-lo por seu mau comportamento, confesse sua falta e procure restabelecer o relacionamento.

Se você tem a tendência de transferir a responsabilidade de seus atos, ou se não deseja confessar e se arrepender de seu erro, eu recomendo vivamente que reflita sobre essas escolhas. A impossibilidade de pedir desculpas e buscar o perdão permite que a ofensa permaneça como uma barreira entre você e o outro. Toda barreira o deixa mais isolado. O perdão é essencial tanto para a sua própria cura quanto para a dos outros.

Quando ofendemos alguém, o desafio que se apresenta para uma existência que seja pautada pelo amor é aceitar a responsabilidade pelos próprios erros, mudar o padrão de comportamento e buscar o perdão daquele que ofendemos. Assim, os relacionamentos podem ser restaurados. Nenhum relacionamento positivo duradouro existe sem admissão do erro, mudança de comportamento e perdão. Não precisamos ser perfeitos para ter bons relacionamentos, mas precisamos desejar lidar honestamente com nossos erros.

Nenhum relacionamento positivo duradouro existe sem perdão.

Amar quem se recusa a desculpar-se

Se você confronta de forma amorosa alguém que o magoou, em muitos casos ele admitirá o erro e pedirá perdão. Mas pode também se negar a reconhecer a falta e se sentir ofendido com a acusação. Se você tem certeza de estar correto e apresenta a "prova" ao ofensor, ele talvez seja forçado a admitir que lhe fez mal. Mas pode não estar disposto a mudar o comportamento. O compromisso com o amor autêntico pede que você aja e pense de modo diferente.

HÁBITOS A ADQUIRIR

Se a pessoa que o magoou não quer ou não pode se desculpar, lembre-se de que ainda é possível libertar-se de sua raiva em relação a ela.

1. Entrega

Jamie foi gerente de uma academia de ginástica por dois anos, até que soube que o dono apropriava-se indevidamente do dinheiro e mentia compulsivamente sobre tudo. Toda a esperança de Jamie no futuro da academia e toda a ilusão acerca do dono caíram por terra. O patrão em quem confiava enganara-a, e era impossível conversar, pois ele continuava a mentir. No meio dessa turbulência, Jamie ainda enfrentou um câncer.

"Inicialmente fiquei com muita raiva", diz. "Depois, durante uma das sessões de quimioterapia, pensei: 'Não quero que a raiva ocupe espaço em meu cérebro nesse momento. Decidi que o tratamento que combatia meu câncer também combateria minha raiva. Quando tomei essa decisão, senti o rancor abandonar meu corpo."

Jamie já consegue falar sem amargura sobre a situação. E permite que o amor seja mais poderoso do que o mal que lhe causaram.

Quando alguém que o ofendeu se recusa a se desculpar, o desafio não consiste em perdoá-lo, mas em *desapegar-se* tanto da pessoa quanto da mágoa e da raiva. Se o ofensor não admite o erro e não opera uma mudança positiva na própria vida, ele será responsável pelas consequências dos seus atos e não contará com nenhuma ajuda sua. Desapegar-se de alguém é bem diferente de perdoar. Não leva à reconciliação, mas deixa você livre, emocional e espiritualmente, para tornar-se a pessoa que deseja ser.

Como pastor e cristão, encorajo as pessoas a entregar o ofensor a Deus, pois Ele é ao mesmo tempo justo e capaz de amar. Vejo Deus como o Ser disposto a perdoar aqueles que confessam os próprios erros e desejam o Seu perdão. Em determinada situação de minha vida fiz a opção deliberada de entregar tanto a raiva quanto a pessoa que me causou mal à justiça e ao amor de Deus. Agora estou pronto para o passo número dois.

2. Confessar

O segundo passo para se libertar da dor e da raiva de ter sido ofendido é confessar suas próprias faltas. Se você foi enganado ou agredido, é natural que sinta raiva. Mas *a raiva deve ser uma visita, não uma moradora.* Use a raiva para confrontar a pessoa que o magoou e buscar a reconciliação. Quando você carrega a raiva no coração e a remói, ela se transforma em amargura e mais tarde em ódio que o envenena e faz mal. Essas emoções e atitudes são destrutivas para aqueles que as hospedam. Elas são até capazes de fazê-lo atacar com violência o ofensor.

A raiva deve ser uma visita, não uma moradora.

Quase todas as pessoas já agrediram verbalmente alguém que lhes tenha feito mal. Quando ficamos obcecados pela própria dor e raiva, somos vítimas de uma paixão que nos domina. Nesses momentos, devemos buscar ajuda e orientação para lidar da melhor forma possível com nossas emoções, admitindo como é difícil controlá-las. Só assim podemos nos libertar do ressentimento que nos destrói.

3. Retribuir o mal com o bem

O terceiro é um passo de gigante. Retribua o mal com o bem.

Por natureza, somos gentis com os que são gentis conosco e demonstramos amor por quem também o demonstra. Mas quando queremos fazer do amor um estilo de vida, a exigência é bem maior: expressar amor mesmo àqueles que nos maltrataram.

Elise me contou que, quando criança, gostava de recostar a cabeça no casaco de pele da mãe, ao se sentarem juntas na igreja. Adorava a maciez da pele contra o rosto e o conforto de sentir-se próxima de alguém. Sua mãe, entretanto, era seca e distante, e sempre a afastava, com medo que a menina sujasse seu casaco.

Adulta, Elise levou anos para aprender a lidar com os sentimentos de rejeição e dor experimentados na infância. Ao tentar expor sua tristeza para a mãe idosa, esta mudava de assunto.

Quando o pai de Elise morreu, sua mãe sofreu muito, e o primeiro impulso da filha foi abandoná-la com sua dor. Mas um dia, ao entrar na igreja, viu a mãe sentada sozinha no primeiro banco. Foi até ela, acomodou-se ao seu lado e envolveu seus ombros com o braço. Sem uma palavra, a mãe recostou a cabeça no ombro da filha e fechou os olhos. Para Elise, acolher a mãe como se fosse uma criança, numa atitude de entrega que a filha jamais experimentara, foi um extraordinário momento de cura. Ela demonstrou o verdadeiro amor tratando com compaixão alguém que a magoara.

4. Usar bem a sua dor

Lidar com alguém que se recusa a pedir desculpas é uma preciosa oportunidade de crescimento. Aprender a dar esses três passos é trilhar o caminho da paz interior. Quando você entrega a Deus a pessoa que o prejudicou, quando reconhece suas próprias faltas e busca amar o ofensor, está livre para seguir com sua vida e usar seu tempo e energia de modo construtivo.

Duvido que Victoria Ruvolo fosse capaz de oferecer a seu agressor a possibilidade de uma vida melhor, se não tivesse se libertado da raiva que sentia por ele. Como em tantos episódios de nossa própria vida, sua história de dor e perdão mostra tanto a capacidade humana de ferir, como a de nos libertarmos da raiva e de usarmos nosso tempo e energia em favor do próximo e de nós mesmos.

Opositor do perdão: o medo

No momento de decidir se devemos ou não buscar a reconciliação, vários medos se interpõem no caminho:

- A pessoa pode se recusar a pedir desculpas.
- Precisaremos admitir que fomos magoados.

- Precisaremos confessar nossos próprios erros.
- A outra pessoa interpretará o perdão como permissão para voltar a errar.

Quando reconhecemos esses medos, podemos dar-lhes as seguintes respostas:

- Mesmo que a recusa do outro em pedir desculpas signifique a impossibilidade de reconciliação, ainda podemos escolher nos libertar da raiva.
- O sentimento de vulnerabilidade faz parte de todos os relacionamentos. Quando admitimos que fomos magoados, os outros provavelmente admitirão as mágoas que nos causaram.
- A admissão do erro nos ensina o poder do perdão e deve fazer parte de nossas vidas, se buscamos amar autenticamente.
- Não podemos controlar a reação do outro. Mas independentemente de qual seja, o amor autêntico nos leva a perdoar.

O medo é um opositor do perdão, mas não é tão forte quanto o amor. Quando amamos os que nos causaram mal, nos libertamos de nossos medos, o que nos permite desfrutar como nunca de nossos relacionamentos.

Tornando-se uma pessoa indulgente

Relacionar-se com a Sra. Cooper, professora de seu filho, exigia de Courtney um esforço permanente. Hunter passara o ano com medo das palavras ferinas e das explosões de raiva da professora. Apesar das várias reuniões com o diretor, a Sra. Cooper nunca alterara sua conduta em sala e vivia repetindo que Courtney era demasiado tolerante com o filho.

Courtney lutou para libertar-se da raiva em relação à mulher que atormentara seu filho o ano inteiro, sem jamais admitir qualquer culpa. Sabia que a vida familiar da professora era complicada, que ela sofria de constantes dores nas costas e se cansava muito corrigindo provas e trabalhos. Então, no último dia de aula, Courtney preparou um bolo de chocolate em que era especialista, levou-o para a professora e agradeceu tudo o que ela fizera pela educação de Hunter. Seu gesto e palavras eram sinceros, pois ela reconheceu que a Sra. Cooper tinha feito o melhor possível, considerando-se as difíceis circunstâncias que enfrentava.

A predisposição para perdoar em vez de julgar, de mostrar compaixão em vez de exigir justiça, demonstrou em Courtney os traços das pessoas que buscam viver um amor autêntico. Isso não significa que tenha sido fácil, mas lhe fez um enorme bem. Em vez de remoer a dor ou explodir de raiva, usou de indulgência procurando a reconciliação.

Como posso, então, me tornar uma pessoa indulgente?

Primeiro passo: perdoe a si mesmo

Ao longo dos anos, conheci pessoas que continuamente se menosprezavam por causa de suas faltas. Flagelar-se com palavras condenatórias é autodestrutivo. "Não posso acreditar que fiz isso. Quanta estupidez! Como pude ser tão insensível? Magoei a pessoa que mais amo. Não sei se conseguirei me perdoar pelo que fiz!" Essas autoacusações são paralisantes, inúteis e não promovem qualquer crescimento. O que é necessário, como já dissemos, é reconhecer a falta para pedir perdão e reparar os danos causados. Basta isso. Quando a lembrança dos erros passados vem à tona, acompanhada da dor emocional, você deve se perdoar, assim como foi perdoado.

Segundo passo: peça desculpas pelos próprios erros

Se quisermos construir bons relacionamentos precisamos encarar com a maior honestidade nossas ofensas. Um jovem me contou: "Sempre critiquei as pessoas extremamente sensíveis. Durante anos contei piadas racistas que faziam sucesso, até que um colega de trabalho negro, de quem eu gostava, me revelou quanto se sentia magoado com elas. Foi um alerta. Pedi desculpas a ele e a todos do meu departamento. Tomei consciência de como minhas palavras e meu comportamento podem atingir os outros." E acrescentou: "Eu me senti muito bem depois disso."

Todos nós estaremos sempre em processo de aprendizagem. Não devemos nos surpreender se, vez por outra, dissermos e fizermos coisas indelicadas, rudes e grosseiras. Optar por pedir desculpas é um grande passo no caminho para se tornar uma pessoa capaz de perdoar.

Pedir desculpas...

- Demonstra o desejo de assumir a responsabilidade por comportamentos injustos: "Eu errei."
- Expressa arrependimento: "Sinto muito se minhas atitudes o magoaram tão profundamente. Não gostei do que fiz."
- Busca redimir-se: "O que posso fazer para reparar meu erro?"
- Manifesta o sincero desejo de mudar o comportamento: "Não quero voltar a fazer isso."
- Expõe o desejo de ser perdoado: "Por favor, me perdoe."

Quando você pede e recebe perdão, experimenta a alegria da reconciliação. Quando se recusam a perdoá-lo, experimenta a dor da rejeição. Ambas as experiências o motivam a se tornar uma pessoa indulgente e a acolher o pedido de desculpas de alguém.

Terceiro passo: tenha uma atitude de amor autêntico em relação ao próximo

Ao tentar perdoar, talvez você se exaspere se alguém continuar a insultá-lo. Mas quando se deseja amar autenticamente, procura-se aprender todos os dias com as pequenas coisas. Sua atitude demonstra ao outro que você está sempre disposto a recomeçar. O amor autêntico o leva a abrir-se para o perdão, não importa quanto tempo demore.

"Ficar com raiva não vai corrigir o passado"

Quando Michael Watson enfrentou Chris Eubank em Londres, no dia 21 de setembro de 1991, o mundo do boxe ansiava por ver quem ganharia o título de peso médio mundial. Watson estava a caminho de realizar o sonho de tornar-se campeão e desfrutava de uma carreira cheia de celebridades, "carros velozes, roupas caras e garotas". Então, no final do 11º round, um golpe de Eubank quase o matou. Watson passou os 40 dias subsequentes em coma, e um coágulo de sangue o deixou parcialmente paralisado.

Watson contou que saiu do coma confuso, frustrado, enraivecido. Lutava para enfrentar a realidade. Aos poucos, começou a imaginar quanto Eubank devia estar sofrendo, e que o inverso poderia ter acontecido. Olhando para o futuro, compreendeu que "ficar com raiva não ia corrigir o passado". "Se alimentasse a mágoa em relação ao que Chris me fizera, estaria me arruinando mental e fisicamente. Como poderia prosseguir?" Quando Watson começou a se curar, sob todos os aspectos, encontrou paz e força. "Agora me sinto novo em folha. Estou feliz e em paz, pois tenho muito amor no coração."

Perdoar é uma forma de reconhecer que somos pessoas imperfeitas vivendo num mundo imperfeito. Algumas das ofensas que precisamos perdoar são causadas por atos mal-intencionados, mas muitas são resultado, simplesmente, de limitações humanas. Pode ser o cônjuge que deixou a cozinha de pernas para o ar, ou o médico que cometeu um erro quando nos tratava.

Quando alguém é ferido, saímos apontando os culpados. Mas, na realidade, todos os envolvidos em uma determinada situação têm uma parcela de responsabilidade pelo que aconteceu. É preciso reconhecer que qualquer relacionamento exige cuidados, e que pequenas falhas, mesmo inconscientes, podem contribuir para o dano. Se admitimos nossa falta, estimulamos o outro a agir da mesma maneira. Pode ser difícil, mas se estivermos convictos dos benefícios da ação movida por um amor autêntico, usufruiremos a alegria da reconciliação e nos tornaremos mais bem preparados para amar outras pessoas no futuro.

Em 2003, Michael Watson completou a maratona de Londres. Chris Eubank o acompanhou na fase final do trajeto.

Um coração libertado

O abuso começou quando ela tinha 5 anos. Katie padece de dor física e de vômitos quando pensa no assunto. Durante toda a infância, o pai abusou sexualmente dela e a ameaçou de morte. Após o divórcio dos pais, o novo marido da mãe continuou com o abuso até ela completar 15 anos. Os dois homens convidavam outros para participarem de atos inomináveis contra a menina.

Durante anos Katie soube que tinha sofrido abuso, mas não se lembrava dos detalhes da participação do pai. À medida que o tratamento progrediu, começou a constatar a que ponto o pai lhe causara sofrimento na infância. Sua raiva era, por vezes, incontrolável, e ela a expressava com veemência. Ainda assim, persistia numa análise de seus sentimentos, desejando libertar-se.

Katie vivia na mesma cidade do pai, e este nada falava sobre o passado. Quando o pai recebeu o diagnóstico de câncer terminal, ela não quis que ele enfrentasse a morte sozinho. Durante os dois anos seguintes, esteve ao seu lado nas consultas médicas e internações, enquanto o câncer avançava lentamente. Após uma cirurgia para extração de tumores na espinha, Katie soube que restava ao pai pouco tempo de vida. Ela então passou a semana inteira no hospital, dedicando-se com carinho, embora frequentemente ele sequer tivesse consciência de sua presença.

Então, numa sexta-feira, o pai começou a falar de suas lembranças: consertando o carro, passeando com colegas do curso secundário... e abusando de Katie. Em seu delírio, toda a violência daqueles anos despejou-se de sua boca numa linguagem vulgar, cheia de detalhes repulsivos. Katie ficou ouvindo, até não suportar mais e ir para casa.

"Eu não sabia se poderia voltar àquele quarto de hospital", diz ela. "Mas tive a chance de oferecer-lhe amor."

Katie voltou ao hospital 36 horas depois, mergulhada em dor. Por causa daquele homem, até hoje ela não conseguia entrar num aposento sem instintivamente procurar por onde escapar. Por causa daquele homem, tinha pesadelos em que se via aprisionada. Aquele homem tinha influenciado negativamente seu casamento, sua relação com os filhos e sua relação com Deus. Mas ela resolvera, anos antes, perdoar o pai e livrar-se da raiva.

"Não entendo tudo o que aconteceu no passado. Mas sei que ele é meu pai e que eu o amo agora."

Voltando à consciência, o pai não se lembrava do que dissera. Pediu à filha:

– Eu queria muito comer chocolate. Daria tudo por um chocolate.

Sofrendo muito e paralisado por causa dos tumores nas costas, não comia nada sólido havia quatro dias.

– Pai, eu vou comprar o chocolate – disse Katie sem hesitação.

De volta ao hospital, sentou-se na cama e deu ao pai pedaços do chocolate que ele tanto desejava. Ele afundou a cabeça no travesseiro e sorriu. Katie alegrou-se por ser capaz de lhe trazer satisfação, em meio a tantos tormentos.

Katie era a única pessoa presente quando ele morreu, na semana seguinte. Nos últimos dias, ela passava horas entoando canções de ninar para acalmá-lo.

O pai morreu sem pedir desculpas à filha. Não poderia apagar o sofrimento do passado, e Katie não nega esse sofrimento. Mas ela escolheu doar-se, escolheu a misericórdia, escolheu oferecer amor quando ele merecia justiça. O perdão deixara seu coração leve e livre, e Katie cresceu e amadureceu no processo.

Como seriam seus relacionamentos se você...

- Acreditasse que raiva e amor não são incompatíveis?
- Tomasse a iniciativa de buscar a reconciliação em vez de deixar aumentar o ressentimento?
- Aprendesse quando é hora de perdoar ou de desapegar-se do agressor e soubesse quando agir de uma forma ou de outra?
- Admitisse seus erros imediatamente, para dar ao outro a oportunidade de praticar o perdão?
- Tivesse uma atitude de amor verdadeiro para com aqueles que o ofenderam e adotasse o perdão como um estilo de vida?

Personalizando

Questões para discussão e reflexão

1. Victoria Ruvolo perdoou a pessoa que quase a matou e pediu que recebesse uma pena leve por seu crime. Você acha que a reação dela foi apropriada? Por quê?
2. As escolhas que você faz no dia a dia em geral demonstram justiça, amor ou ambos? Por quê?
3. Você já viu alguém retribuir o mal com o bem num relacionamento? Qual o efeito causado nas pessoas envolvidas?
4. Pense numa situação, na semana passada, em que alguém o magoou ou perturbou. Como você reagiu? De que modo sua

reação refletiu uma atitude de amor verdadeiro? Se tivesse que repetir, o que faria de diferente?

5. Como costuma reagir quando alguém o confronta com algum erro que você cometeu?
6. Pense numa vez em que pediu desculpas a alguém. O que essa experiência lhe ensinou sobre o perdão?
7. Observamos quatro passos para amar alguém que se recusa a pedir desculpas:
   a. Entregá-la a Deus
   b. Confessar os próprios erros.
   c. Retribuir o mal com o bem.
   d. Usar bem a dor.

Qual desses passos é o mais difícil para você? Por quê?

Opções práticas

1. Pense numa ofensa que sofreu e que criou uma barreira que ainda permanece no relacionamento. Acha-se pronto a perdoar essa pessoa? Qual passo deve dar para ter uma conversa afetuosa com ela e buscar a reconciliação?
2. Já ofendeu alguém? A ofensa permanece como uma barreira entre vocês? Como fará para admitir seu erro e pedir perdão à pessoa ofendida?
3. Pense em alguém que se recuse ou seja incapaz de admitir que o prejudicou. Você acha possível desapegar-se dessa pessoa e desvencilhar-se da raiva?

CAPÍTULO 5

Cortesia

Tratar os outros como amigos

Seja gentil, pois cada pessoa que você encontra está enfrentando uma grande batalha.

– FILO DE ALEXANDRIA

No início da carreira, Andrew Horner sonhava em ter seu próprio negócio, mas, nos anos 1950, enfrentava dificuldades mesmo para arranjar emprego. Caçula de 13 filhos, nascido em Belfast, na Irlanda do Norte, Horner tinha emigrado havia pouco tempo com a mulher, Joan, do Canadá para os Estados Unidos. Depois de várias entrevistas malsucedidas, ouviu alguém mencionar uma vaga na S. C. Johnson & Son, também conhecida como Johnson's Wax (Ceras Johnson). O único problema era que exigiam diploma universitário, e Horner deixara o ensino médio aos 16 anos.

Sem desanimar, dirigiu-se à Johnson's Wax, onde foi entrevistado pelo gerente regional, Sr. Lansford. Este disse que pensava em contratar um candidato formado na Universidade de Notre Dame, mas que entraria em contato. "Eu sabia que podia desempenhar bem a função", escreveu Horner. "Ao sair, me apresentei a todas as mulheres do escritório. Diariamente verificava se o Sr. Lansford já tinha contratado alguém e, quando o fazia, parava para conversar com cada uma, perguntando por suas famílias e conhecendo-as melhor. Depois de uma semana, o Sr. Lansford decidiu que deixaria as mulheres escolherem quem queriam ter como chefe. Elas foram unânimes: 'Aquele jovem simpático do Canadá!' Assim fui contratado." Ele não tinha a experiência ou a formação exigidas pela empresa, mas prestava atenção nas pessoas, tratava-as com cortesia e demonstrava interesse pela vida delas.

O jeito afetuoso de Horner marcou todos os empregos que teve. Em 1985, ele e a mulher fundaram a Premier Designs, Inc., em Irving, no Texas. A filosofia da companhia se baseia no mesmo princípio adotado por Horner em 1951: *todas as pessoas têm valor*. Hoje essa empresa de venda de joias possui mais de 250 empregados e fatura mais de 200 milhões de dólares por ano. E só existe porque houve uma atitude de cortesia.

CORTESIA: o ato de tratar cada pessoa como um amigo pessoal.

O valor do relacionamento

Quando se fala em cortesia pensa-se em boa educação. Mas a definição de cortesia é bem mais rica: significa "estar aberto à amizade". É claro que não seremos amigos de todas as pessoas que conhecemos, mas a cortesia nos motiva a *tratar* todos como amigos e a traduzir essa amizade em palavras e ações.

A cortesia parece ser algo menor, se comparada a atos de paciência e perdão. Mas ela tem raiz numa crença fundamental: todas as pessoas que encontramos merecem nossa amizade; por trás das aparências existe alguém que vale a pena conhecer. Quando acreditamos verdadeiramente nisso, a cortesia não apenas é possível, mas inevitável.

Quando agimos com cortesia, demonstramos o desejo de manter um relacionamento com a pessoa, mesmo que dure apenas o momento em que damos passagem em um cruzamento. Quando somos indelicados, agimos como se fôssemos a pessoa mais importante do mundo. A cortesia, na verdade, costuma ser o primeiro passo rumo à amizade. Quando você trata alguém como amigo, abre a porta para desenvolver uma relação.

Se acreditarmos que toda pessoa é valiosa,
a cortesia será inevitável.

De manhã, minha amiga Angie costuma ler o jornal enquanto toma café numa lanchonete. Desde o início, cumprimentava atenciosamente a jovem que limpava sua mesa. Numa manhã de dezembro, deu-lhe uma vela de Natal e agradeceu por seus serviços ao longo do ano. Três anos depois, as duas se tornaram amigas. A cortesia mútua lhes deu a oportunidade de desenvolver um relacionamento. Podem não ser amigas íntimas, mas o prazer de estarem juntas traz alegria a um dia comum.

A cortesia é fundamental para fazer do amor um estilo de vida, pois dá valor aos relacionamentos. Sem a cortesia para com estranhos, amigos e parentes, não podemos construir relacionamentos positivos que reconhecem a importância do próximo.

Sou cortês?

Responda às perguntas seguintes numa escala de 1 a 5, sendo 1 o mesmo que "raramente" e 5, "normalmente".

1. Envio cartões de aniversário e bilhetes de agradecimento.
2. Gosto de procurar formas de ser educado com os outros.
3. Mesmo quando alguém me dá algo de que não preciso, reajo com gratidão genuína.

4. Eu me esforço para ser cortês com as pessoas mais próximas.
5. Procuro formas de ser cortês com pessoas que parecem estar enfrentando um momento difícil.

Quantos pontos você fez? Se seu escore vai de 20 a 25, você está a caminho de ser capaz de amar por meio da cortesia. Se for mais baixo, sugiro que leia com atenção este capítulo e se deixe transformar. Porque a pessoa mais beneficiada pela cortesia com que você trata os outros é você mesmo.

Tratar os outros com cortesia

Algum tempo atrás, eu viajava com um grupo de adolescentes para prestar ajuda aos necessitados no Haiti. Num dos aeroportos domésticos, precisamos tomar um ônibus para ir de um terminal ao outro. Notei que três ou quatro dos adolescentes imediatamente cederam seus lugares quando pessoas mais velhas entraram no ônibus, enquanto outros permaneceram sentados, deixando os idosos de pé. Pensei que aqueles que se levantaram tinham aprendido esse gesto de cortesia com os pais, e os outros, não. Mais tarde, pedi ao líder do grupo que colocasse a cortesia como tópico de discussão numa das reuniões.

Para quem ama com autenticidade, a cortesia, além de ser um estilo de vida, é também fonte de alegria. Quanto mais corteses somos, mais nos contentamos ao ver outras pessoas corresponderem à nossa gentileza.

As oportunidades de tratar alguém como amigo são frequentes. Se não desenvolvermos uma *atitude* de cortesia, deixaremos de reconhecer as oportunidades que a todo momento aparecem. Vamos examinar alguns modos de desenvolver essa atitude de amor.

Aproveitar o momento

O escritor inglês Evelyn Waugh uma vez avisou Lady Mosley de que responderia sempre que ela lhe escrevesse. Explicou que seu pai, o editor Arthur Waugh, "passara os últimos 20 anos de vida respondendo cartas. Se alguém lhe agradecia por um presente de casamento, ele agradecia por lhe terem agradecido, e só a morte poria fim a essa troca de cartas".

Cortesia significa reconhecer a presença ou o esforço de alguém – talvez não na mesma proporção de Arthur Waugh, mas certamente mais do que normalmente fazemos. Pouco tempo atrás, dei a cada pessoa de um grupo de 30 um exemplar de um de meus livros. Nas duas semanas seguintes, recebi três cartões de agradecimento. Minha mulher concluiu: "Apenas 10% aprenderam com a mãe a enviar cartões de agradecimento." Ela provavelmente estava certa, mas não pude deixar de me perguntar se os 90% restantes eram corteses em outras áreas da vida. Imagino que alguns se sentiram gratos, mas não tinham o hábito de manifestar sua gratidão. Fiquei feliz ao pensar que esses três foram capazes de expressar afeto por meio de um gesto simples. Eles me trataram como amigo, não como um palestrante contratado.

Os gestos de cortesia podem ser de fato muito simples, mas adquirem uma grande dimensão pela alegria que proporcionam. É de fato simples manifestar-se – seja de que forma for – no aniversário de amigos, ou enviar um cartão desejando melhoras, quando alguém está doente. Pense em quanto essas manifestações o alegraram e confortaram em épocas de comemoração ou pesar. Encontre formas de expressar amor ao próximo da mesma maneira como deseja sentir-se amado.

No trânsito

Quando dois carros se aproximam de uma vaga, você é o motorista que cede o lugar ou o que corre para conseguir a vaga, como se fosse marcar um gol? Parece que algumas pessoas, quando estão atrás do volante, encaram as outras como inimigos. Estão disputando uma corrida em que todas as táticas são válidas. Colar no carro da frente, buzinar insistentemente, fazer gestos obscenos e recusar-se a trocar de pista para dar passagem – todas parecem manobras legítimas.

Talvez seja no trânsito, mais do que em qualquer outro lugar, que percebemos se as pessoas são corteses. Sempre me encho de gratidão quando um motorista para e me dá passagem numa rua movimentada, ao sair do estacionamento. Imagino que o motorista cortês também se sinta bem. O que aconteceria, nas ruas e estacionamentos deste país, se cada um de nós tratasse os outros motoristas como amigos pessoais?

O bom vizinho

Cortesia é sinônimo de boa vizinhança. Isto significa tratar os vizinhos como amigos: sorrir e cumprimentar quando os encontramos, prestar pequenos favores e nos colocar à disposição para ajudar quando precisarem. Ser um bom vizinho significa prestar atenção às necessidades dos outros e exercer uma influência positiva em suas vidas.

Atos muito simples podem ter grandes repercussões numa vizinhança. Em seu livro *O ponto da virada: como pequenas coisas podem fazer uma grande diferença*, Malcolm Gladwell relata que, quando ativistas comunitários de Nova York se concentraram em "pequenos" gestos delicados e demonstraram interesse em operar mudanças positivas, crimes como estupro e assassinato declinaram. "Um pequeno número de pessoas, num pequeno número de situações, começou a se comportar de forma muito diferente, e esse comportamento de alguma maneira se espalhou." Quem pode imaginar o efeito que seu ato de cortesia é capaz de provocar na comunidade?

Tem um minuto para mim?

A proliferação de telefones celulares introduziu um campo totalmente novo para o comportamento cortês ou descortês. Nunca me esquecerei da primeira vez que deparei com o peso dessa realidade. Estava no meio de uma sessão de aconselhamento com um cliente, quando o telefone dele tocou. O cliente disse "desculpe", atendeu o celular e manteve uma conversa de cinco minutos com a pessoa do outro lado da linha. Desculpou-se novamente, e continuamos nossa conversa como se nada tivesse acontecido. Confesso que fiquei perplexo. Desde então, passei por experiências semelhantes nas mais diversas circunstâncias.

Celulares se tornaram uma tal fonte de descortesia, que o mês de julho nos Estados Unidos foi declarado o Mês Nacional da Cortesia ao Celular. Aparentemente não ajudou. Numa pesquisa recente, 91% dos entrevistados disseram terem sido vítimas das "demonstrações públicas de insensibilidade geradas pela tecnologia". É interessante notar que na mesma pesquisa, 83% dos entrevistados disseram que nunca ou raramente sentiram culpa ao cometer tais atos. O que significa que somos capazes de nos queixar de gestos descorteses de outros, mas ignoramos os nossos.

Fico chocado ao ver duas pessoas sentadas frente a frente no restaurante, uma falando ao celular, enquanto a outra olha pela janela. Por que a pessoa do outro lado da linha é mais importante do que a que se encontra à sua frente? É claro que há exceções, como emergências ou ligações urgentes. Mas fora isso, a regra de cortesia é: *não atenda o celular quando estiver conversando com alguém.*

Fazer a escolha acertada

A cortesia transforma momentos de aborrecimento em oportunidades de delicadeza. O notável é que se gasta menos tempo e energia sendo gentil do que zangando-se.

Passei muito tempo em aviões. Sinceramente, prefiro os assentos do corredor, mas em geral cedi o lugar para que marido e mulher ou mãe e filha sentassem juntos. Venci a relutância interna me perguntando: "Como eu trataria um amigo?" O desconforto do assento do meio foi sempre compensado pela satisfação de reconhecer que proporcionei alegria aos outros. E quem sabe os estimulei a repetir o gesto nas mesmas circunstâncias?

Vamos falar de uma situação em que é muito difícil manter a cortesia. É quando funcionários de telemarketing interrompem nossas atividades para vender novos planos de celular, de seguro de saúde, e por aí afora. Em vez de tratá-los com grosseria, que tal dizer: "Não preciso do seu produto, mas desejo-lhe boa sorte. Tenha um ótimo dia." Dá menos trabalho tratar a pessoa com cortesia do que expressar irritação. Experimente só: quando somos corteses, nos sentimos muito melhor ao desligar o telefone. E pense: é uma pessoa que se encontra do outro lado da linha, com sua necessidade de garantir um emprego, seus desejos, seus sonhos e aflições. Não deixe que ela abuse, mas não a trate mal.

Receber com gratidão

A cortesia também significa receber com gratidão. Alguns acham mais fácil dar do que receber, mas acolher com alegria atos de gentileza é um modo de tratar os outros com cortesia.

Lembro-me de uma vez em que fazia uma palestra no exterior sobre assuntos de família e casamento. No final do curso, um dos meus anfitriões me deu um presente. Eu sabia que tinha sido caro e que ele não era rico. Mas senti quanto afeto havia naquele gesto! Uma parte de mim pensou em dizer: "Você precisa mais do dinheiro do que eu do presente." Mas sabia que isso seria extremamente rude. Aceitei com gratidão.

Quando alguém quer fazer algo por você ou lhe dar algo como expressão de amor, é muito descortês recusar.

Receber é um modo de demonstrar amor.

Dar más notícias

Também é necessário encontrar uma forma de ser gentil ao comunicar más notícias. Os que ocupam cargos de gerência, às vezes, por vários motivos, são obrigados a demitir funcionários. Isso deve ser feito com extrema cortesia. James M. Braude, um fabricante da Califórnia, conta sua história: "Um dos homens mais gentis que conheci foi o que me demitiu do meu primeiro emprego. Ele me chamou e disse com a maior simpatia: 'Filho, você foi um grande companheiro de trabalho, e não sei como vamos conseguir nos virar sem a sua colaboração, mas a partir de segunda-feira, vai ser preciso tentar.'" Existe um modo de tratar as pessoas com respeito e cortesia, mesmo quando comunicamos algo desagradável.

Dizer "sinto muito"

A cortesia desempenha um papel importante quando cometemos um erro ou causamos um acidente que afeta alguém. Um amigo me contou, recentemente, sua experiência num restaurante: o garçom derrubou um prato no ombro dele, e a comida escorreu pela camisa e pelas calças. O garçom ficou repetindo "Ah, sinto muito", enquanto limpava a roupa do meu amigo com toalhas. Mas o maître não ofereceu uma refeição de graça nem se dispôs a pagar o tintureiro ou a substituir a roupa.

Meu amigo disse: "Foi a última vez que botei meus pés naquele restaurante." Tratou-se de um acidente, sem dúvida. Mas "sinto muito" não foi cortês o suficiente para desculpar-se.

Todos cometemos erros. A cortesia nos leva a colocar-nos no lugar do outro, para nos desculparmos da maneira mais afetuosa possível.

Prestar atenção

O czar Nicolau I da Rússia pediu a Liszt, o famoso pianista, que tocasse na corte. No meio do número de abertura, o grande músico viu o czar conversando com um ajudante. Continuou a tocar, mas irritado. Como o czar continuasse conversando, ele parou de tocar.

Ao ser indagado por que interrompera o concerto, Liszt respondeu: "Quando o czar fala, todo mundo deve permanecer em silêncio." Depois disso, o concerto seguiu até o fim sem interrupções.

Prestar atenção é uma forma de ser cortês. Isso pode significar prestar total atenção ao recital de piano do filho de um amigo, embora o menino seja um principiante. Pode significar ouvir pela décima vez a mesma história de uma pessoa mais velha. Significa reagir ao que lhe contam, em vez de usar a história do outro como trampolim para a sua. Acolher com gentileza o que lhe dizem é valorizar seu interlocutor. E isso é amor.

Buscar mudanças

Parece que quase todos nós gostaríamos de experimentar mais cortesia na vida diária. Recentemente uma pesquisa nacional sobre o que os americanos pensam do comportamento rude, seja no trânsito, em restaurantes ou no ambiente de trabalho, revelou o seguinte:

- 79% acreditam que a falta de respeito e cortesia é um problema nacional.
- 73% acreditam que os americanos tratam-se hoje com mais respeito do que no passado.
- 62% se incomodam muito ao presenciar comportamentos rudes e desrespeitosos.
- 56% dizem se incomodar bastante com linguajar grosseiro.
- 41% confessam ter agido de modo rude e desrespeitoso.

Falar com cortesia

Talvez a melhor forma de demonstrar cortesia seja o modo como ouvimos e falamos. As palavras nos dão chance de confirmar a importância do relacionamento.

A cultura da discussão

Os povos da sociedade ocidental foram profundamente influenciados pelo que a cientista social Deborah Tannen chamou de cultura da discussão. Ela escreve: "[Chegamos a] encarar os debates em geral como uma briga... Nosso espírito está corroído por viver numa atmosfera de competição implacável... Quando se discute com alguém, o objetivo não é ouvir e compreender. Pelo contrário, é fazer uso de todas as táticas imagináveis – incluindo distorcer as palavras do oponente – para sair vencedor."

Assista à maioria dos debates na TV e rapidamente entenderá o que a Dra. Tannen diz. Os interlocutores interrompem um ao outro no meio das frases, levantam a voz como se a gritaria fosse mais convincente do que a serenidade, fazem ataques pessoais em vez de discutir ideias, tentam encostar na parede os oponentes, enfim, usam todos os meios para nocautear os adversários. Poucos se preocupam em ouvir o ponto de vista do outro. O objetivo é sair-se bem nas discussões, não esclarecer o público.

É esse o modo de construir relacionamentos? Conversas francas são certamente necessárias, mas franqueza não deve significar agressividade. Quando somos contundentes com alguém, podemos acabar ganhando a discussão, mas perdendo o relacionamento.

Se tivermos uma atitude cortês, iniciaremos cada conversa como se o interlocutor fosse um amigo. Nosso primeiro objetivo deveria ser buscar a verdade e preservar o relacionamento, não ganhar a discussão. Queremos que o outro saiba que o respeitamos como pessoa, mesmo quando discordamos de suas ideias.

HÁBITOS A ADQUIRIR

Inicie todo diálogo como se o interlocutor fosse um amigo.

Criar espaço para a amizade

A tendência é respondermos de modo cortês quando o interlocutor é gentil. É sinal de amor maduro falar de maneira bem-educada com aqueles que não correspondem da mesma forma.

Rob participava de uma reunião sobre desempenho no trabalho. Seu gerente mencionou duas áreas em que julgava que Rob apresentava rendimento insatisfatório.

Rob me disse depois: "Eu sabia que meu gerente tirara sua conclusão a partir de informações dadas por outra pessoa, pois sei que ele não me observara. Minha primeira reação foi dizer: 'Acho injusto o senhor me julgar baseado nas palavras dos outros.' Mas aí o seu ensinamento ressoou em minha mente: 'Fale com ele como se fosse seu amigo.' Então eu disse: 'Compreendo o seu ponto de vista. Para ser franco, não é assim que vejo a situação, mas sei que o senhor tem razões legítimas para ter chegado a essa conclusão. Respeito sua avaliação. Que sugestão pode me dar para que eu desempenhe melhor a minha função, já que é isso o que desejo?'"

"A partir daí", contou Rob, "a conversa foi o mais amigável possível. Ao sair, eu disse: 'Gostei da nossa conversa e tenha certeza de que tentarei aprender com as sugestões que me deu. Por favor, saiba que estou aberto a outras ideias que venha a ter no futuro. Obrigado por sua contribuição.'"

A partir daí, todos os nossos contatos foram positivos. Essa experiência me ensinou que, quando falo com alguém como se fosse meu amigo, é mais provável que ele se torne de fato meu amigo."

Numa conversa pouco amigável, é preciso disciplina para responder com cortesia. Mas nossa escolha pode suavizar as palavras do outro, criando espaço para que se desenvolva uma amizade verdadeira.

Falar com amor

O que significa, então, falar com cortesia? Deixe-me sugerir algumas ideias práticas.

• *Comece a conversar.* Isso é fácil para pessoas desinibidas e pode ser difícil para os mais tímidos. Mas se você considerar todos os que encontra como amigos em potencial, se sentirá motivado a conhecê-los. Iniciar uma conversa comunica ao outro: acho que vale a pena conhecer você; eu o valorizo como pessoa.

É claro que há pessoas que não retribuem quando você as aborda para uma conversa amigável. Nesse caso, ser cortês é respeitar a escolha do outro. A cortesia não se impõe.

As conversas podem ser iniciadas de várias formas. Pedir um favor, por mais simples que seja, a outra pessoa é dizer que você confia na sua capacidade de atendê-lo. Pode ser um colega de trabalho, um novo vizinho, a pessoa sentada ao seu lado na sala de espera de um aeroporto. Ao pedir o favor, você deixa espaço para desenvolver a conversa. Um relacionamento amigável muitas vezes começa com um pedido.

• *Dar atenção total.* Se estiver conversando com alguém e outra pessoa entrar na sala, procure não desviar o olhar do seu interlocutor. Se estiver participando de um jantar numa mesa cheia de gente, concentre sua atenção na pessoa com a qual está falando. Atenção concentrada comunica: você é a pessoa mais importante do mundo neste momento; eu dou valor ao que você tem a dizer. Ao manter contato visual, sua mente terá menos chances de se desviar do assunto, e o outro perceberá que você está focado na conversa.

• *Ouça para compreender, não para julgar.* Você naturalmente pode concordar ou discordar do que o outro lhe diz, mas é cortês compreender o conteúdo das ideias antes de expressar a sua.

Quando discorda muito rapidamente, você interrompe o fluxo da comunicação. Preste atenção no que o outro está tentando comunicar, antes de responder. Caso contrário, corre o risco de responder de maneira equivocada.

Quando discordar, expresse seu ponto de vista com respeito e serenidade. "Entendo o que está dizendo, e faz bastante sentido. Mas deixe-me expor minha visão do assunto, que é um pouco diferente." Demonstrar respeito pelas ideias do outro, antes de expor as suas, mantém um clima amigável e permite que ele ouça com o mesmo respeito.

Reconheça que diferenças de opiniões fazem parte da vida. Se nos recusamos a ter conversas amigáveis com os que discordam de nós, nosso círculo de amigos se torna cada vez mais restrito, e perdemos a chance de aprender e descobrir novas perspectivas. Se, por outro lado, aprendemos a falar com cortesia, nosso círculo de amigos aumenta. Nunca force outra pessoa a concordar com sua opinião. Lembre-se: você não está tentando vencer uma discussão, mas buscando aprender e construir um relacionamento.

Esperança de paz

Uma vez eu mediava uma discussão entre estudantes na faculdade. O grupo era composto basicamente de americanos, mas incluía um jovem judeu de Israel e um muçulmano do Egito.

Assim que foi aberta a discussão, o jovem egípcio perguntou o que os americanos achavam das tensões no Oriente Médio. Minha resposta inicial foi: "Só posso falar por mim, mas é uma excelente pergunta." Abri espaço para discussões. Vários estudantes expuseram seus pontos de vista. Alguns tinham uma posição pró-Israel; outros, pró-árabes.

Concluí dizendo: "Parece que chegamos à conclusão de que a religião e as diferenças culturais entre judeus e muçulmanos são muito reais e que os pontos de vista, a partir da história desses dois grupos, também são bem diferentes. Acho que todos concordamos que ocorreram atos de crueldade e mal-entendidos de ambas as partes. O que esperamos é que as novas gerações possam vir a escutar umas às outras, na tentativa de chegar a um acordo onde exista dignidade e respeito mútuo. Afinal, não é isso o que estamos buscando nesta discussão?"

Quando terminou o encontro, tanto o estudante judeu quanto o árabe vieram até mim e expressaram apreço por eu ter demonstrado uma certa compreensão quanto a suas posições. O estudante árabe disse: "Na maioria das discussões de que participei, as pessoas eram ou pró-judeus ou pró-árabes e demonstraram pouco respeito pela opinião do outro. Acho que respeito é a questão crucial, e ouvir o outro é nossa única esperança de resolvê-la." Concordei com ele. Se quisermos contribuir para a solução, e não para o agravamento do problema, precisamos aprender a falar com cortesia.

• *Não levante a voz.* Nunca recorra a insultos ou a monólogos em tom de voz alto, rude e agressivo. Levantar a voz e despejar agressividade produz mais calor do que luz. A outra pessoa, ou quem possa ouvir a conversa, se mostrará mais propensa a não escutar o que você diz, e sim a reagir contra a sua maneira de dizê-lo. Por isso, a grosseria tende a criar inimigos e acaba por invalidar qualquer possível verdade em sua declaração.

• *Quando precisar rejeitar uma ideia, faça-o com respeito.* Sempre manifeste o desejo de preservar o relacionamento. Por exemplo, você pode dizer: "Gostei muito de ouvir sua opinião. Eu pessoalmente não concordo, mas respeito-o como pessoa, desejo ouvir seus argumentos e não quero que coisa alguma possa interferir na nossa relação." Rejeite ideias, nunca pessoas.

• *Peça desculpas, quando necessário.* A realidade é que às vezes falamos de maneira agressiva. Mas isso não precisa destruir um relacionamento. Se nos dispusermos a pedir desculpas, quase sempre a outra pessoa estará disposta a nos perdoar, e a relação poderá continuar. Um pedido de desculpas sincero tem até uma grande chance de fortalecer a relação.

Se aprendermos a falar com cortesia, mesmo quando discordamos dos outros, podemos manter as portas da comunicação abertas, a não ser que se trate de uma pessoa muito intransigente. Neste caso, sem ofender nem agredir, convém nos afastarmos por um tempo, esperando que o ânimo esfrie.

Como me tornar cortês?

Vamos ser sinceros: algumas pessoas nos irritam. Ainda assim, com disciplina, podemos manter a cortesia, mesmo exasperados. De que modo fazer isso com a pessoa que mastiga ruidosamente ao nosso lado, ou com o motorista que acabou de nos dar uma fechada? Se tivermos em mente três realidades, descobriremos que a cortesia é capaz de se tornar um modo natural de interagir com os outros.

Toda pessoa que encontramos tem valor

Um pouco antes das oito horas da manhã de uma sexta-feira, 12 de janeiro de 2007, um jovem usando jeans, camiseta e um boné de beisebol entrou numa estação de metrô em Washington e tirou o violino da caixa. Jogou alguns dólares na caixa aberta a seus pés, virou-se de frente para as pessoas que passavam apressadas e começou a tocar.

Sessenta e três pessoas passaram pelo violinista sem olhar. Então, um homem virou ligeiramente a cabeça e continuou andando. Segundos depois, uma mulher jogou um dólar na caixa.

Aos seis minutos da performance, alguém se deteve, recostou-se na parede e ficou ouvindo.

Durante os 43 minutos em que o violinista tocou, sete pessoas pararam para ouvir a apresentação por pelo menos um minuto. Vinte e sete pessoas atiraram dinheiro na caixa. Mil e setenta pessoas passaram às pressas, a apenas alguns passos de distância, sem ver ou ouvir o músico.

O que esses apressadinhos não sabiam é que poderiam ter assistido, naquela manhã, a um concerto grátis de Joshua Bell, violinista aclamado internacionalmente, enquanto ele tocava num Stradivarius de 1713 algumas das mais extraordinárias músicas já escritas. A experiência foi uma iniciativa do jornal *Washington Post* para verificar se as pessoas se detêm para apreciar a beleza, em meio ao tumulto da hora do rush. Muito mais gente entrou na fila para comprar um bilhete de loteria no quiosque próximo.

"Foi uma sensação estranha as pessoas me *ignorarem*", disse Bell, rindo. Nos 43 minutos em que tocou naquele dia, ganhou 32,17 dólares. Nas grandes salas de concerto, seu talento renderia mil dólares por minuto.

Gente ocupada, a caminho do trabalho, ignorou o valor de Joshua Bell como violinista. Com que frequência nossas ocupações nos impedem de reconhecer o valor das pessoas que nos cercam? Claro, nem todo mundo é capaz de tocar tão bem um instrumento quanto Joshua Bell. Mas todos os que encontramos têm um valor único, que só conheceremos se pararmos para observar e ouvir. Quando somos rudes com um funcionário, ou com a pessoa que bloqueia nosso caminho na calçada, talvez estejamos passando, com tampões nos ouvidos, por um violinista consagrado.

A cortesia nos dá a *oportunidade* de perceber a beleza e o talento daqueles que encontramos todos os dias. Faz-nos lembrar da alegria que podemos experimentar ao interromper por um instante nossa pressa e simplesmente pararmos para ouvir.

Toda pessoa que você encontra está enfrentando uma grande batalha

O diretor de cinema Stanley Kramer conta um fato acontecido quando dirigia Vivien Leigh em seu último papel em 1965, no filme *A nau dos insensatos*. "Uma manhã, no set de filmagem, ela estava sendo maquiada para uma cena, quando teve uma crise e atormentou a equipe de maquiadores durante duas horas e meia." Quando Kramer entrou na sala, Vivian o fitou e disse: "Eu... Stanley, não posso trabalhar hoje." Enfraquecida por causa da depressão e da tuberculose que lhe tiraria a vida dois anos depois, Leigh suplicava por benevolência. Numa homenagem à artista, depois do seu falecimento, Kramer disse: "Eu sabia que ela estava doente e não poderia continuar. Nunca esquecerei aquele olhar. Era o olhar de uma das maiores atrizes de nosso tempo. A partir daquele momento, eu me tornei o mais dedicado, compreensivo e paciente possível. Ela estava doente e tinha a coragem de ir adiante... Então, o que podia ser dito?"

Atrás de cada rosto há um espírito em luta. O sofrimento, às vezes, tem raízes na dor física ou na doença. Em outras, nasce de relacionamentos desequilibrados ou problemas financeiros. Mas quase todas as pessoas que encontramos se acham, de alguma forma, em luta. Henry Wadsworth Longfellow uma vez disse: "Todo ser humano carrega aflições secretas; e, muitas vezes, chamamos de fria uma pessoa apenas triste."

Uma noite dessas, entreouvi um funcionário da biblioteca reclamar irritado com uma usuária que foi buscar livros quase na hora de fechar. Em vez de retrucar com agressividade ou raiva, ela comentou:

– Você deve ter tido um dia difícil.

O bibliotecário imediatamente suavizou o tom de voz e sorriu.

– Foi mesmo. Meu filho está doente, e eu gostaria de chegar em casa mais cedo. Quando as pessoas vêm buscar livros no fim do expediente, não conseguimos sair antes das 21h30.

– Sinto muito! Tentarei chegar mais cedo da próxima vez – respondeu ela, saindo com sua bolsa de livros, enquanto o bibliotecário chamava o próximo usuário num tom de voz consideravelmente mais gentil.

Quando observo o que parece um comportamento arrogante, hostil ou distante, meu instinto é reagir com raiva. Mas se reflito no que aquele comportamento esconde, é bem provável que mude minha reação. Talvez ainda me sinta irritado, mas sou motivado a agir com cortesia.

HÁBITOS A ADQUIRIR
Quando alguém é particularmente rude ou distante, pare um minuto e pense: qual pode ser a causa desse comportamento?

Toda manifestação de cortesia enriquece a vida de alguém

Quando eu fazia minha pós-graduação, Karolyn e eu dispúnhamos de pouco tempo e dinheiro. Na residência de estudantes onde morávamos, nos tornamos bons amigos de John e Jane, vizinhos de apartamento. Cerca de um ano depois, os pais de Jane vieram passar uma semana com ela. Quando chegaram, fomos apresentados como seus "melhores amigos" e tivemos um contato superficial. Um dia, ao chegar em casa, descobri que o pai de Jane havia lavado e polido meu carro. Mal pude acreditar. Quando agradeci, ele disse: "Um amigo de Jane é meu amigo." Lembro-me sempre dele com carinho. Demonstrou amor, tratando-me como amigo, embora eu fosse apenas um conhecido.

Não há quem não goste de ser tratado com gentileza. Quando demonstramos cortesia, sabemos, sem sombra de dúvida, que tornaremos o dia da pessoa mais alegre. Aliviamos sua carga e a encorajamos a também ser cortês com os demais.

A cortesia começa em casa

Recentemente, visitei a cidade de Baton Rouge. Um rapaz de 23 anos me esperava no aeroporto. Ao levar-me até o hotel, notei que ele inclinava a cabeça numa atitude de deferência ao responder "sim, meu senhor" ou "não, meu senhor" a todas as minhas perguntas. Achei interessante e fiquei pensando em qual seria a razão disso.

No dia seguinte, notei que ele repetia a mesma atitude com uma mulher. Fui investigar, e confirmou-se o que eu imaginara: o rapaz vinha de uma família do Sul, onde é comum esse tratamento respeitoso. A cortesia era parte natural de sua cultura.

Cada grupo humano tem sua própria lista de gestos gentis, normalmente aprendidos em casa. Aqui vai uma pequena lista de cortesias comuns que aprendi, por ter sido criado numa família de classe média do sudeste dos EUA.

- Quando alguém o servir, diga sempre "obrigado".
- Não fale com a boca cheia.
- Peça permissão antes de mexer nos brinquedos de sua irmã.
- Não pegue o maior pedaço de frango.
- Quando se trata de comida, prove antes de recusar. Se não quiser, diga: "Não, obrigado."
- Nunca entre no quarto de alguém sem bater. Antes de abrir a porta, pergunte: "Com licença, posso entrar?"
- Tire os sapatos antes de entrar em casa.
- Quando vir sua mãe ou seu pai fazendo algum trabalho, pergunte: "Posso ajudar?"
- Quando um visitante partir, leve-o até a porta.
- Não grite com ninguém.
- Quando alguém estiver falando, não interrompa.
- Quando entrar numa sala, tire o boné.
- Quando estiver falando com alguém, olhe a pessoa nos olhos.

- Quando quiser pedir alguma coisa, acrescente sempre: "Por favor."
- Quando sair da mesa de jantar, peça licença.

Todas essas "cortesias comuns" destinam-se a demonstrar respeito pelos outros. Não são normas universais, mas são simples e você provavelmente identificará algumas como o comportamento cortês que aprendeu com seus pais.

Ensine seus filhos a serem corteses

Quando nos tornamos adultos, confirmamos ou rejeitamos as normas aprendidas na infância. Por exemplo, quando eu era criança, aprendi que não se canta dentro de casa. Anos depois, descobri que tinham ensinado o mesmo à minha mulher. Quando estabelecemos as diretrizes para nossos filhos, incluímos "Não se canta dentro de casa", e interrompíamos os que se punham a cantar.

Um dia, Karolyn me chamou a atenção: "Acho que essa regra está inibindo as crianças. Cantar para elas é uma expressão de alegria."

Discutimos o assunto e concordamos que não aceitaríamos aquela regra aprendida na infância. Depois disso, nossos filhos puderam cantar livremente dentro de casa, desde que não estivessem perturbando alguém.

Sejam quais tenham sido as cortesias que lhe ensinaram quando criança, provavelmente elas ainda influenciam seu comportamento de adulto. Quem foi criado num ambiente em que atos de cortesia comuns eram valorizados tem mais chances de desenvolver essa característica do amor. Pare e pense um pouco nas cortesias cotidianas que ensina a seus filhos. Talvez queira acrescentar ou retirar algumas de sua lista, mas o essencial é fazê-los ter consciência do valor dos outros, do respeito que devem a eles e da alegria que gestos gentis podem provocar nas pessoas.

Se a criança aprender a respeitar os pais e os irmãos, provavelmente respeitará os professores e outros adultos fora de casa. O filho adolescente que na infância ouviu os pais gritarem um com o outro provavelmente gritará com a mulher, mais tarde.

Preste atenção nos comportamentos em sua família, formule sua própria lista e ajude seus filhos a dar um passo em direção ao amor ao próximo.

Cortesia em seus relacionamentos íntimos

Por mais difícil que seja ser cortês com um estranho, com aqueles que nos são próximos pode ser um verdadeiro teste de amor. A rotina diária é capaz de eliminar os pequenos gestos de respeito e delicadeza que fazem do ambiente familiar um lugar harmonioso e feliz.

Eis algumas atitudes de cortesia adotadas por mim e por minha mulher ao longo dos anos. Embora elas se deem no contexto do casamento, aplicam-se a qualquer relacionamento íntimo.

- *Nunca fale pelo outro.* Se alguém me faz uma pergunta sobre o que minha mulher pensa, quer ou deseja, minha resposta é "Por favor, pergunte a ela" ou "Vou perguntar a ela e lhe digo depois". Quando você fala por alguém, está violando sua individualidade. O mesmo em relação a decisões que envolvem os dois: não aceito um convite sem antes consultar Karolyn para saber se ela está disponível.

- *Ouça o outro com empatia.* Quando ouço minha mulher com empatia, tento entender não apenas o que ela diz, mas também o que sente. Para isso, procuro não interrompê-la, e quando ela acaba de falar, faço perguntas objetivas para garantir que estou compreendendo o que ela diz e sente. "Pelo que entendi, você está com raiva porque precisou me pedir três vezes para jogar o lixo fora. É isso?" Quando Karolyn se sente plenamente compreendida, exponho meu ponto de vista sobre o assunto e ela também me ouve com empatia. Assim, podemos solucionar o problema. No início de nosso casamento, antes de aprendermos a ouvir um ao outro com empatia, Karolyn e eu passávamos muito tempo discutindo, sem chegar a lugar nenhum. Bate-boca nunca é cortês.

• *Peça o que deseja.*

Algum tempo atrás, uma esposa me disse:

– Queria que meu marido fizesse algo especial no meu aniversário.

– Você lhe disse que é isso o que deseja? – perguntei.

– Não – respondeu. – Se eu tiver que dizer, não terá o mesmo valor.

– As chances de seu marido ler sua mente são bem remotas – argumentei sorrindo. – Acho mais eficiente você contar ele.

Aprenda a pedir o que quer. Se o outro escolher atendê-lo, será um ato de amor. Ele não é obrigado a fazer o que você pediu. Então, aceite seu gesto como um presente.

• ***Em um conflito, concentre-se em encontrar a solução, não em ganhar a discussão.*** Quando ganho, minha mulher perde. Não é lá muito divertido viver com uma derrotada. Dispor-se a resolver conflitos é um ato de amor, porque é acolher com atenção e afeto a verdade do outro e dizer com serenidade a própria verdade, em busca de uma solução que garanta a felicidade dos dois. O objetivo é manter a harmonia, não vencer a disputa.

• ***Peça, não ordene.*** Dar uma ordem à minha mulher faz de mim um feitor, e dela, uma escrava. Ninguém quer ser controlado, nem viver com uma pessoa dominada. Quase todos estamos abertos a pedidos sinceros.

• ***Antes de algum pedido, elogie seu cônjuge.*** Reconhecimento verbal comunica "Eu gosto de você. Eu a admiro. Eu a respeito." Quando mostro à minha mulher os aspectos de que gosto nela,

Karolyn sente-se respeitada e valorizada, pronta a receber um pedido sincero.

• ***Quando um erro foi confessado e perdoado, não volte a tocar no assunto.*** Não posso apagar os erros, mas posso perdoá-los. A partir do momento em que estão perdoados, não há razão para voltar a mencioná-los. Se eu escolho condenar Karolyn por um erro passado, então ainda não a perdoei. Devo aprender o que for possível com aquela experiência mas, uma vez concluído o processo, tenho que deixá-la para trás.

Essas cortesias comuns que eu e minha mulher cultivamos entre nós enriqueceram demais nosso casamento. Quais são as que você cultivou em seus relacionamentos íntimos? Sugiro que você e seus parentes enumerem as cortesias comuns que aprenderam a trocar entre si. Acrescentem, depois, tudo o que gostariam de agregar ao seu repertório de cortesias comuns.

Se aprendermos a cortesia mútua no ambiente familiar, estaremos muito mais propensos a tratar os de fora com cortesia, pois efetivamente ela começa em casa.

Opositor da cortesia: a pressa

Qual foi a última vez que você teve a oportunidade de ser cortês e não foi? Por que deixou passar essa oportunidade? Eu arriscaria supor que a maioria de nós alegará que perdeu a chance de ser cortês porque estava ocupado.

Assim como os homens e mulheres que passaram por Joshua Bell naquela manhã de janeiro, somos pessoas distraídas. A cortesia, como cada uma das outras seis características das pessoas capazes de amar, não faz parte de nossa cultura. Num mundo voltado para a eficiência, obter resultados é mais importante do que afirmar o valor de outra pessoa. E temos todas as justificativas possíveis, na nossa correria e sobrecarga, para não nos determos e sermos corteses.

Espero que esteja claro, a esta altura do livro, que é impossível amar autenticamente o tempo inteiro. Somos seres humanos falíveis. Mas amar o próximo com "pequeninos" gestos, bem como por meio de grandes atos, sempre pode ser a nossa meta. Cada pequena grosseria ou omissão nos priva da possibilidade de fortalecer um relacionamento.

Quando temos a cortesia como objetivo, permanecemos atentos às qualidades do outro. Como tantas coisas preciosas na vida, ser gentil pode parecer uma tarefa difícil, mas na verdade exige muito pouco. Quando nossa atitude interior muda, agir de modo cortês torna-se uma etapa natural no processo de fazer do amor um estilo de vida.

Amigo oculto

Booker T. Washington, o renomado educador negro, valia-se das amizades e do trabalho árduo para fortalecer a relação entre as raças, no pós-guerra civil. Seus esforços ajudaram a estabelecer mais de cinco mil escolas, na virada do século, no Sul dos Estados Unidos. Sua autobiografia, *Up from Slavery* (A partir da escravidão), é considerada um dos livros mais importantes da história americana. Respeitado e famoso, Washington relacionou-se com alguns dos mais ricos e conhecidos políticos e líderes de seu tempo.

Conta-se que, logo depois de ter assumido a presidência do Instituto Tuskegee, o professor Washington caminhava por um bairro sofisticado, quando uma mulher rica o fez parar. Sem reconhecê-lo, perguntou se ele não gostaria de ganhar alguns dólares rachando lenha para ela. Como não tivesse compromisso urgente, Washington sorriu, arregaçou as mangas e pôs-se a cumprir a humilde tarefa. Ao término, trouxe as toras para dentro da casa e as empilhou junto à lareira. A filha da mulher o reconheceu e contou à mãe quem era ele.

Na manhã seguinte, constrangida, a mulher procurou-o em seu escritório, no Instituto, pedindo desculpas. "Não há problema, senhora", ele respondeu. "De vez em quando gosto de um trabalho braçal. Além do mais, é sempre um prazer fazer algo por um amigo." Ela agradeceu afetuosamente e lhe garantiu que por sua atitude cortês e generosa ele conquistara um lugar especial em seu coração. Pouco tempo depois, demonstrou sua admiração persuadindo alguns conhecidos abastados a se juntarem a ela na doação de milhares de dólares para o Instituto Tuskegee.

Washington sentiu-se livre para demonstrar cortesia à mulher, por considerá-la uma amiga, não uma impositora. Quando vivemos com tamanha liberdade, constatamos o grande impacto que as cortesias mais comuns podem ter.

Como seriam seus relacionamentos se você...

- Tratasse cada pessoa como um amigo em potencial?
- Escolhesse, em qualquer circunstância e com qualquer pessoa, ter palavras e atitudes que demonstrassem o valor de cada uma?
- Acolhesse os atos de gentileza e generosidade com doçura e gratidão?
- Empregasse sempre palavras gentis, mesmo com aqueles de quem discorda?
- Aprendesse a praticar pequenos gestos de cortesia com aqueles a quem mais ama?

Personalizando

Questões para discussão e reflexão

1. Na semana passada, alguém falou de modo rude ou agiu de maneira indelicada com você? Em caso afirmativo, qual foi sua reação?

2. Quando foi que o gesto cortês de alguém mudou seu humor?
3. Pense numa ocasião, na semana passada, em que você tratou alguém com cortesia e se sentiu bem. O que o motivou a ser cortês?
4. Pense numa ocasião, na semana passada, em que você tratou alguém com descortesia. O que poderia ter feito para ser mais cortês, naquela situação? Ainda é possível desculpar-se?
5. Quando é maior a sua tendência à descortesia: no carro, ao telefone, no trabalho, ao fim do dia, com a família...? Por quê?
6. Como costuma reagir quando alguém discorda de sua opinião?
7. Quais os gestos de cortesia que lhe ensinaram quando criança?

Opções práticas

1. Você concorda com as cinco afirmações seguintes?
   a. Todos têm valor.
   b. Todos têm potencial para estabelecer um relacionamento positivo.
   c. Todos se encontram em permanente luta.
   d. Todos precisam de amor.
   e. Todos podem ser enriquecidos pela cortesia.

   Anote essas cinco afirmações numa ficha. Em seguida, pense numa pessoa difícil com quem você convive regularmente. Coloque o nome dela no lugar de "todos", mude o verbo para o singular e mantenha essas cinco realidades em mente quando estiver com ela.
2. Inicie uma conversa, esta semana, com alguém que você conhece pouco. Pode ser um colega de trabalho, um vizinho ou uma pessoa que encontrar num lugar público. Aprender a iniciar uma conversa é um grande passo para desenvolver a cortesia.
3. Se você mora com os pais, os filhos, o cônjuge ou um amigo, faça uma lista dos pequenos gestos e palavras de cortesia que pretende praticar em casa.

CAPÍTULO 6

Humildade

Ceder a vez para que alguém possa avançar

A humildade é das coisas mais estranhas. No exato momento em que acreditamos tê-la obtido, a perdemos.

– BERNARD MELTZER

Quando o escritor Jim Collins e sua equipe pesquisaram os segredos por trás das mais bem-sucedidas empresas dos EUA, depararam com algumas descobertas inesperadas. No livro *Empresas feitas para vencer*, Collins detalha o que faz a excelência de uma empresa:

"Ficamos surpresos – na verdade, chocados – ao descobrir o tipo de liderança exigida para transformar uma boa empresa em uma empresa excelente. Em comparação com os líderes de elevado perfil e personalidade forte que fazem as manchetes e se tornam celebridades, os líderes das empresas 'feitas para vencer' parecem ter vindo de Marte. Apagados, quietos, reservados, até mesmo tímidos, esses líderes são uma mistura paradoxal de humildade pessoal com firme vontade profissional."

A humildade desses líderes é demonstrada, principalmente, pelo modo como falam de si mesmos – ou melhor, como *não* falam de si mesmos: "Durante as entrevistas", relata Collins, eles descreveram extensamente as contribuições dos outros executivos, mas evitaram discutir suas próprias contribuições. Quando pressionados a falar de si mesmos, diziam algo como 'Espero não estar parecendo que quero me promover', ou 'Se o conselho não tivesse escolhido ótimos sucessores, provavelmente vocês não estariam falando comigo hoje'. Ou ainda 'Não acho que mereço tanto crédito assim. Fomos abençoados com uma equipe maravilhosa'."

Apesar de sua evidente humildade, todos esses presidentes são grandes realizadores. Os resultados de suas empresas falam eloquentemente de seus talentos e capacidade.

Creio que esses presidentes nem pensavam em humildade. Concentravam-se em adotar práticas de negócios e em desenvolver uma boa relação com empregados e clientes. A atitude deles nos faz olhar a humildade sob um novo prisma.

Muitos de nós vemos a humildade como se fosse uma certa fraqueza de caráter, algo que põe em risco nosso sucesso profissional e que nos torna submissos e dominados. Peça que definam "humildade", e a maioria das pessoas provavelmente não dirá palavras como *sucesso*, *satisfação*, *respeito* ou, sobretudo, *relacionamento*. Entretanto, estas são as palavras mais importantes para os humildes presidentes das empresas feitas para vencer.

Na verdade, a humildade é indispensável quando o nosso propósito é fazer do amor um estilo de vida. Como as outras características das pessoas capazes de amar, a humildade afirma o que o outro tem de melhor. E como em qualquer outro ato de amor, ceder a vez nos proporciona a oportunidade de sentir uma grande alegria.

Sou humilde?

Vamos examinar como agimos no cotidiano para ver se a humildade está presente em nossas atitudes e se ajuda ou prejudica as pessoas com quem convivemos. Como lidaríamos com algumas situações se tivéssemos a opção de agir com orgulho ou com humildade.

1. Se alguém conta uma história sobre algo que conquistou, eu normalmente...
   a. Interrompo a história com outra mais impressionante a meu respeito.

b. Não digo nada, mas demonstro, com meu silêncio, um total desinteresse.

c. Demonstro interesse e faço perguntas.

2. No trabalho, quando um superior está por perto, eu normalmente...

a. Tento impressioná-lo, mesmo que seja preciso levar o crédito pelas realizações alheias.

b. Menciono meu trabalho em prol da companhia, sempre que há oportunidade.

c. Menciono as contribuições da minha equipe e deixo as minhas falarem por si.

3. Quando um parente ou amigo íntimo obtém sucesso numa área em que eu gostaria de ter êxito, normalmente eu...

a. Encontro logo um defeito e depois tento desviar a atenção para mim.

b. Ignoro o seu sucesso.

c. Cumprimento-o e comunico aos outros o seu sucesso.

4. Se alguém de quem não gosto fracassa, eu normalmente...

a. Penso em como o seu fracasso pode me beneficiar.

b. Menciono a outras pessoas o que aconteceu.

c. Busco uma oportunidade de valorizar seus aspectos positivos.

5. Quando tomo consciência de uma fraqueza ou falta minha, normalmente eu...

a. Procuro responsabilizar outra pessoa.

b. Tento não pensar a respeito.

c. Tomo providências para corrigir essa falta no futuro.

Dê 0 ponto para cada resposta "a", 1 para cada "b" e 2 para cada "c". Quanto mais alta sua pontuação, mais você está próximo da humildade. Mas não esqueça: estamos falando de um processo de crescimento. Raras são as pessoas que se comportam exclusivamente como descrito na letra "c". O importante é avançar nessa direção, apesar dos eventuais retrocessos.

Uma vida pacífica

Você já observou as pessoas numa fila de supermercado? Quase todos nós, ao terminar as compras e chegar ao caixa, demonstramos impaciência e inquietação: "Por que está demorando tanto? Quero ir embora logo." Disputamos a fila menor, ficamos atentos para ver se outro caixa vai abrir, e quando isso acontece, corremos até lá. Raramente dizemos: "Pode passar. Não estou com tanta pressa." Nosso desejo de chegar primeiro supera qualquer impulso de ceder a vez para outra pessoa.

Esse desejo de chegar na frente está tão entranhado em nós, que algumas pessoas chegam a duvidar que se possa aprender a exercitar a humildade. No entanto, para que possamos um dia nos tornar humildes, a humildade *deve* ser aprendida. Você já viu um bebê humilde? Nosso instinto, desde o nascimento, é obter imediatamente o que queremos.

Se encararmos a humildade como um modo de experimentar a alegria de amar o próximo, ela se tornará mais facilmente parte de nossa atitude. Como disse, a ideia de humildade está ligada a se curvar, se rebaixar, e por isso a rejeitamos. Mas eu considero que a verdadeira humildade é capaz de substituir a raiva, a ambição e o egoísmo do falso eu pela tranquilidade do eu verdadeiro. Os humildes sentem-se seguros a respeito de quem são. Reconhecem o próprio valor, bem como o dos outros, e por isso ficam felizes quando estes obtêm sucesso. A humildade é uma característica essencial e satisfatória do amor. O que não significa que ela seja facilmente conquistada.

HUMILDADE: uma serenidade no coração que lhe permite ceder a vez para afirmar o valor do outro.

Anônimo

Um dos pontos-chave no programa de recuperação dos alcoólicos é o fato de serem anônimos. Nos grupos de AA não há chefes. São todos iguais, pessoas escravizadas pelo álcool, trabalhando em conjunto, com o objetivo de se livrar do vício. Você pode pensar, então, que Bill Wilson, o fundador dos Alcoólicos Anônimos, nos anos 1930, deve ter sido um especialista em humildade. Bem, acabou sendo. Mas levou muito tempo até chegar lá. Sua biógrafa, Susan Cheever, relata no livro *My Name is Bill* (Meu nome é Bill) que Wilson "lutou para valer na busca da humildade".

Susan Cheever cita um eloquente exemplo da luta de Wilson contra o desejo de ocupar uma posição de destaque. Anos depois de ter fundado a organização dos AA, membros da Universidade Yale expressaram o desejo de lhe oferecer um título honorário por seus feitos. Wilson queria o título e toda a honra consequente. Mas, naquela altura de sua vida, seus princípios já eram bastante sólidos para ele saber que aceitá-lo não traria efeitos positivos.

Indeciso acerca de sua resposta à Yale, Wilson pediu a opinião do conselho de curadores da organização. "Todos, à exceção de um, acharam que ele deveria aceitar o título", relata Cheever. A única voz discordante foi a de Archibald Roosevelt, filho do ex-presidente Theodore Roosevelt. O jovem Roosevelt explicou a Wilson que seu pai se preocupara com a própria atração pelo poder e decidira nunca aceitar um título pessoal, exceção feita apenas ao Prêmio Nobel.

"Bill sabia que estava ouvindo a mensagem certa de Roosevelt", escreveu o biógrafo. Ele recusou o título para si e solicitou que fosse concedido à organização dos Alcoólicos Anônimos, sugestão rejeitada.

Mais tarde ele declinou o convite para ser capa da revista *Time*, mesmo, como os editores sugeriram, posando de costas para a câmara. Também declinou outros seis títulos honorários e algumas propostas do Comitê do Prêmio Nobel.

Eis um homem com a mesma tendência natural de todos nós ao orgulho. Mas como tinha consciência dos benefícios trazidos pela anonimidade em sua organização, escolheu o caminho da humildade, abrindo mão do renome que as honrarias podiam trazer. Agindo assim, preservou sua credibilidade e influência entre os alcoólicos, aos quais dedicara uma vida de serviços.

Não estou contando essa história para condenar o reconhecimento. Normalmente, prêmios e elogios servem de estímulo para quem os recebe e de inspiração para os demais. Mas a luta de Bill Wilson, entre o desejo de ser reconhecido e o de ser humilde, reflete a tensão enfrentada por muitos de nós. Wilson temia a dispersão que o reconhecimento poderia trazer. Humildade e reconhecimento nem sempre se opõem, mas a busca permanente por reconhecimento pode desviar nossa energia dos esforços a serviço do amor e da construção de relacionamentos. Se esses relacionamentos vão nos conduzir ao sucesso pretendido, não sabemos. O importante é agir com amor. Quanto mais agimos com humildade, mais nossas prioridades mudam.

O amor autêntico nos dá olhos para ver que a humildade...

- Reflete a consciência do nosso lugar no mundo.
- Não perde a oportunidade de dar a vez aos outros, mesmo que isso signifique sacrifício pessoal.
- Demonstra força e não fraqueza.
- Reconhece que as necessidades dos outros são tão importantes quanto as nossas.
- Afirma o valor dos outros.
- Não desperdiça energia com orgulho, ressentimento ou raiva.

Com essas posturas em mente, examinemos o que significa amar o próximo com uma atitude de humildade.

Tornar-se consciente de seu lugar

Jim é um proeminente líder de uma organização sem fins lucrativos na Índia, um homem com uma risada grave, opiniões firmes e uma enorme vontade de ajudar o próximo. Jim conta que sua avó, que o criou, costumava dizer: "Lembre-se sempre de que ninguém é melhor do que você. E lembre-se também de que ninguém é pior do que você." É preciso ter humildade para viver com alguém nem melhor e nem pior. Isso significa reconhecer que você vale tanto e é ao mesmo tempo tão sujeito a falhas quanto aqueles que é convidado a amar.

Muitos dizem que o primeiro passo para alcançar a humildade é reconhecer o próprio orgulho. Quando nos damos conta do desejo de sermos maiores e melhores do que os outros, estamos livres para compreender e escolher a pessoa que queremos ser.

Quando ficamos tentados a nos considerar excessivamente importantes, é preciso lembrar que somos capazes de ferir ou cometer erros, como qalquer ser humano. Tomar consciência do nosso orgulho nos ajuda a administrá-lo melhor.

Faz parte de nossa essência o desejo de sermos reconhecidos. Isso não é orgulho. Orgulho é desejo de aclamação. Quando a humildade faz parte do amor como um estilo de vida, nosso desejo é realizar o mais plenamente possível o nosso potencial.

> Reconhecer o próprio valor é dar um passo adiante
> para amar o próximo com mais autenticidade.

O reverso do orgulho

O orgulho não é o único inimigo da humildade. Quando deixamos de reconhecer nosso próprio valor, fica difícil amar o próximo. Porque só ama e valoriza os outros quem ama e valoriza a si mesmo.

Constato, frequentemente, como a baixa autoestima nos impede de dar e receber amor autêntico. Colin, um homem de 30 e poucos anos, lutava contra a depressão e a solidão. Apesar de estar noivo de uma jovem bem-sucedida que demonstrava amor por ele, Colin tinha muita dificuldade em expressar seu amor e chegou certa vez a romper o noivado. Como gerente de segundo escalão, tinha sob sua supervisão uma dúzia de funcionários, mas nenhum amigo de verdade. Os relacionamentos pareciam lhe trazer mais dor do que alegria.

Ao longo das consultas, ele acabou falando da infância. Como muitos que conheci, Colin crescera numa família crítica e negativa. Palavras de condenação ainda ressoavam em seus ouvidos de adulto: "Você é irresponsável, burro, feio, gordo, não vale nada." Quanto mais conversávamos, mais ficava claro que Colin só poderia gostar de alguém verdadeiramente quando reconhecesse o próprio valor e tomasse consciência de que merecia ser amado.

Para pessoas assim, o primeiro passo para amar é reconhecer o próprio valor. Isto significa agradecer pelo que são e pelos dons e talentos que possuem. O adulto deve cuidar da criança desvalorizada que persiste nele e se dar conta de que as mensagens recebidas são falsas. Quando as pessoas começam a reconhecer quem de fato são – com seus talentos e fraquezas - tornam-se aptas à verdadeira humildade.

HÁBITOS A ADQUIRIR

Se você está preocupado em obter a atenção que julga merecer, mude de atitude. Mostre-se interessado nos outros e escute o que dizem sobre si mesmos.

Estar disposto ao sacrifício

No decorrer dos anos, observei, em meu consultório, que sem humildade ficamos ressentidos com tudo e com todos que, a nosso ver, nos impedem de ser os primeiros. Quando não alcançamos nossos objetivos, nos sentimos desencorajados ou mesmo deprimidos e buscamos em quem jogar a culpa.

Isso é especialmente verdadeiro no trabalho. Quase todos que lutam pelo sucesso profissional já perderam uma promoção por causa do comentário depreciativo de um colega.

Compare essa atitude com a de Josh, um recém-formado contratado por uma empresa grande e moderna. Seu gerente o chamou, certa manhã, e disse:

– Há uma vaga que talvez possa lhe interessar. Estou indeciso entre você e Tim. Acho seu potencial maior, mas Tim tem mais experiência. Vou chamar os dois para que cada um me diga por que merece a promoção.

– Quantos anos ele tem? – perguntou Josh.

– Uns 45 – respondeu o gerente.

– Acho que deveria indicá-lo para o cargo – disse Josh. – Terei outras oportunidades, mas esta pode ser a última para ele. Penso que você deveria valorizar a experiência dele aqui na empresa.

Tim foi promovido, graças à opção de Josh. Como resultado, Tim tornou-se seu mentor. Ao longo dos anos, os dois desenvolveram uma amizade significativa de que se beneficiaram, tanto pessoal quanto profissionalmente.

A humildade verdadeira está mais propensa a se sacrificar para que outro possa progredir do que a atropelar quem se interpõe no caminho. Quando uma atitude de humildade brota naturalmente, estamos sempre atentos a possíveis sacrifícios em benefício de alguém. O que não significa deixar-se dominar ou subjugar, mas agir com uma *justiça inspirada pelo amor*.

Humildade no casamento

Essa atitude de sacrifício pode fazer toda a diferença no casamento. Ponha sob o mesmo teto duas pessoas com personalidades, hábitos e aptidões diferentes e verá que, para haver harmonia, um precisará sacrificar-se pelo outro, em algum momento.

Quando Bruce Kuhn, ex-ator da Broadway, conheceu Hetty, soube que ela era a mulher de seus sonhos. O único problema é que o trabalho de Bruce o fazia viajar por todo o país, e Hetty, que era artista, morava na Holanda. Mas o amor era tão forte que Bruce, já na meia-idade e sem saber uma palavra de holandês, mudou-se para a Holanda, onde Hetty poderia continuar seu trabalho. Diminuiu o ritmo para revezar-se com a mulher no cuidado dos dois filhos.

"Minhas ambições artísticas eram o centro do universo", afirma ele. "Mas decidi colocar Hetty como minha prioridade, e ela fez o mesmo. Cada um abriu mão de algo em nome da felicidade que a vida em comum nos proporciona. É claro que não foi fácil, mas o sacrifício é bem recompensado pela alegria que descobrimos."

Humildade no casamento significa desde sacrificar o trabalho, como fizeram Hetty e Bruce, até abrir mão do programa de fim de semana e da necessidade de vencer uma discussão. É um exercício cotidiano para o qual precisamos estar atentos, porque o desejo de impor nossa vontade é extremamente tentador. Mas optar pela humildade traz alegrias e realizações muito profundas.

> Se você quer demonstrar amor verdadeiro a alguém, sacrifique algo de valor em benefício do relacionamento.

A humildade abre caminho até o coração. Ao contrário do que se possa pensar, ao expor nossas fragilidades e ao pedir ajuda, na verdade demonstramos força de caráter.

É difícil nos darmos conta disso numa situação profissional ou no convívio familiar, onde nos sentimos avaliados. Amy estava preocupada em impressionar Becky, a sogra, que fazia sua primeira visita ao casal. O filho de Amy e Mark nascera três semanas antes.

Embora exausta e tendo que amamentar e cuidar do bebê, Amy fez todo o possível para ser a anfitriã perfeita. Recusou qualquer ajuda da sogra, insistindo ter tudo sob controle.

No terceiro dia, notou que Becky parecia magoada com suas recusas. Vencendo uma certa resistência, disse à sogra: "Sabe, preciso de você. Se não se importa, seria ótimo contar com sua ajuda para preparar o jantar. Todos os ingredientes já estão na bancada." Becky concordou prontamente e começou a cozinhar, enquanto conversavam. Amy ficou sentada sem fazer nada, pela primeira vez após dias. Naquela noite, não apenas o jantar foi preparado com esmero pela sogra, mas as duas se tornaram muito mais próximas.

> Aceitar a ajuda dos outros é um dos melhores e mais difíceis meios de desenvolver relacionamentos amorosos.

Embora a tendência natural seja querer esconder nossas falhas e exibir nossas melhores qualidades, a humildade de permitir que os outros nos vejam como realmente somos tem o potencial de revolucionar nossas relações. A humildade, como todos os demais traços de caráter das pessoas capazes de amar, vai contra as atitudes mais valorizadas de nossa cultura e reconhece que a prioridade para viver bem é cultivar relacionamentos.

Reconhecer as necessidades dos outros

Em geral, é mais fácil mostrar humildade a estranhos do que aos que nos são próximos, como observei durante anos nos relacionamentos conjugais. O marido se zanga com a mulher, ou vice-versa, porque cada um pensa: "Não estou recebendo o apoio merecido. Minha mulher me magoa em vez de me ajudar. Por que eu deveria fazer algo por ela?"

Com essa atitude, os casais extravasam a raiva e passam a ser adversários, em vez de parceiros. A autopromoção se torna mais importante do que a dedicação. A verdadeira humildade consiste em procurar se colocar no lugar do outro.

Casados há vários anos, Deb e Kevin trabalham fora. Recentemente, Deb planejou encontrar os pais no fim de semana, numa estação de esqui próxima. Mencionou a ideia a Kevin, supondo que ele adoraria. Mas o marido, exausto de tantas reuniões de vendas, queria passar um fim de semana tranquilo em casa. Na verdade, a última coisa que desejava era gastar centenas de dólares para tomar chocolate quente com os sogros numa estação de esqui badalada.

Quando Deb voltou a falar no assunto, dizendo toda animada que tinha encontrado o apartamento perfeito para os quatro, Kevin perdeu a paciência.

– Por que você sempre quer ir para outro lugar? O que há de errado com a nossa casa? Pouco lhe importa que eu tenha um trabalho exaustivo, você só pensa em si mesma!

Deb ficou surpresa.

– Não quero ir *sempre* para outro lugar, mas de vez em quando acho bom! Por que está tentando estragar um fim de semana descontraído com a minha família?

Saiu de casa irritada e entrou no carro, sem saber aonde ir, mas precisando se afastar por algum tempo.

Enquanto Deb e Kevin repensavam a discussão em cantos separados, cada um começou a se colocar na posição do outro.

"É verdade, ele trabalha demais, e eu já apresentei um fato consumado. Acho que não temos tido muito tempo só para nós dois ultimamente..."

"Ela planejou o fim de semana achando que eu iria gostar. Ela também trabalha muito, e essa é sua maneira de relaxar..."

Quando Deb voltou para casa mais tarde, decidira adiar o encontro com os pais, achando que, no momento, era mais importante desfrutar da companhia do marido. Kevin, por sua vez, tinha procurado e encontrado uma casa para alugar num lugar tranquilo da estação de esqui, perto dos teleféricos. Ele descansaria enquanto Deb passaria um tempo com os pais. Ficou só uma dúvida: qual dos dois planos escolher?

Deb e Kevin, humildemente, reconheceram suas diferenças e se empenharam para compatibilizá-las. Ambos demonstraram humildade, colocando-se no lugar do outro.

HÁBITOS A ADQUIRIR

Quando você acredita ter sido vítima de uma crítica injusta, não dê o troco. Leve um tempo buscando a verdade por trás da crítica e tente aprender com a situação.

Usando bem sua energia

Na véspera do Overlooked Film Festival de abril de 2007, o crítico de cinema Roger Ebert escreveu um artigo para seus fãs. “Recebi muitos conselhos para não comparecer ao festival. O que iam dizer de mim?” Seria sua primeira aparição pública desde que tivera um câncer removido da parte inferior da mandíbula direita. Os médicos haviam retirado um pedaço do maxilar e feito uma traqueostomia para Ebert poder respirar melhor. Como consequência, ele estava incapacitado temporariamente de falar, tinha uma atadura de gaze em volta do pescoço, e a boca, deformada. “Fui avisado de que fotos minhas nessas condições atrairiam a imprensa sensacionalista. E daí? Estive muito doente, estou melhorando, e essa é a minha aparência atual. Não tenho o que esconder”, continuou Ebert. Na noite do festival, ele se comunicou por meio de notas escritas e sinais. Sua coragem e desprendimento despertaram a admiração do público.

Muitos nos sentimos constrangidos quando não somos vistos em nossa melhor forma. Mas a humildade de Ebert inspirou milhares de sobreviventes de câncer e seus familiares, cansados de "esconder a doença". Ele chamou atenção para o fato de que, por vezes, expor nossas fragilidades pode ser uma dádiva para os outros.

A pessoa capaz de amar não gasta sua energia com o orgulho. Percebe o que realmente importa e vive do seu desejo de amar ao próximo.

Nossa fraqueza pode se tornar força
quando a admitimos com humildade.

Verdade versus falsa humildade

A humildade nunca se revela por palavras, mas por atitudes, e é movida sobretudo pelo nosso desejo de amar.

Olhem para mim!

Observe qualquer grupo de crianças, e você verá uma diferença nítida: há algumas que dividem seus brinquedos com a maior naturalidade, e há outras que, quando o fazem, olham em torno para saber se alguém percebeu seu gesto e as recompensará por ele. No mundo adulto acontecem atitudes muito semelhantes.

À medida que amadurecemos na humildade, fazemos o bem simplesmente porque o outro merece nosso amor, não por esperarmos algo em troca. Como vimos neste livro, o amor autêntico não se dá por ambição egoísta, mas simplesmente pelo bem do amor. Podemos vir a receber crédito ou recompensa por nossa humildade, mas essa não deve ser nossa motivação. Realizar um ato tido como humilde para atrair a atenção dos outros não passa de outra forma de orgulho.

Mais uma vez é preciso lembrar: não somos monolíticos! Há sempre uma parte nossa que se alegra muito com reconhecimento e recompensa, e é bom alegrar-se. O que estou dizendo é que, no nosso processo de crescimento, temos de nos empenhar para que o amor prevaleça como motivação dos nossos atos. O resto é consequência.

Um novo foco

Se alguém diz: "Não sou ninguém" ou "O que penso não interessa, me esqueça", essa pessoa pode até parecer humilde, mas está de fato demonstrando orgulho. O que manifesta verdadeiramente a humildade de uma pessoa é seu genuíno interesse pelos outros, o desejo de conhecer suas histórias, suas ideias, seus interesses. É o tipo de pessoa com quem dá prazer conviver. Não está pensando em ser humilde, e muito menos apregoando isso. Está aberta para o outro, desejosa de conhecê-lo e de se fazer conhecer para estabelecer um relacionamento.

A melhor motivação

A humildade se importa com o que pode ajudar o próximo. É dar de comer para que o outro seja alimentado, velar para que o outro durma mais tranquilamente. Não é a procura do mérito, nem do sacrifício, mas do bem-estar dos outros.

Quando Henri Nouwen, padre e escritor, deixou o prestigiado cargo de professor na Universidade de Harvard em troca da L'Arche Community of Daybreak, uma comunidade para deficientes, ele não o fez para demonstrar sua imensa humildade, e sim por ser efetivamente humilde. "Depois de 25 anos de magistério, percebi que rezava pouco e vivia, de certa forma, isolado dos outros e muito preocupado com coisas urgentes... Acordei um dia com a sensação de habitar um lugar escuro em que o termo 'esgotamento' era uma conveniente tradução psicológica para morte espiritual."

Uma das tarefas de Nouwen era ajudar Adam Arnett, um homem com graves deficiências, a se vestir, se barbear e tomar banho de manhã. Em seu livro, *Adam, God's Beloved* (Adam, o amado de Deus), ele descreve como Adam se tornou seu amigo, professor e guia. Na humildade, Nouwen aprendeu com aquele a quem ajudava. É quando somos humildes que, normalmente, *realizamos nosso bem maior* e em geral recebemos em troca um imenso benefício.

A humildade nada tem a ver com nosso status. Alguém de uma classe mais baixa pode ser muito vaidoso, ou o inverso. Da mesma forma, quando alguém é verdadeiramente humilde, não faz diferença ensinar numa conceituada universidade ou ajudar um homem deficiente. Ambas são expressões de amor verdadeiro.

Humildade como estilo de vida

Refletir acerca dessas três realidades é a chave para viver a verdadeira humildade:

1. Tudo o que tenho e sou me foi dado.
2. Meu conhecimento do Universo é limitado.
3. Dependo totalmente de coisas externas para viver.

Quando integramos essas três realidades à nossa atitude, a humildade é inevitável.

1. ***Tudo o que tenho e sou me foi dado.*** Como vimos, o primeiro passo rumo à humildade é admitir sua propensão ao orgulho. Se já fez isso, você está pronto para o segundo passo, que é refletir sobre a verdade de que tudo o que tem e é lhe foi dado. A vida não foi escolha sua. Ao nascer, alguém supriu suas necessidades básicas, e o fez durante vários anos. Seu cérebro e suas habilidades físicas foram dons que você recebeu para que os desenvolvesse. O sangue que mantém seu corpo em funcionamento não flui por seu esforço. Em tudo quanto obteve, contou com a ajuda alheia.

Alex Haley, o falecido autor de *Negras raízes*, tinha uma foto especial na parede de seu escritório: uma tartaruga no alto de um poste. Haley gostava da foto porque o fazia lembrar da seguinte lição: "Se você vê uma tartaruga no alto de um poste, sabe que ela precisou de ajuda. Sempre que começo a pensar: 'Uau, não é maravilhoso o que fiz?', olho para a foto e lembro de como a tartaruga que eu sou subiu até ali." Então, quando estiver curtindo a vista de cima de um poste, lembre-se que só chegou lá porque alguém o ajudou."

2. *Meu conhecimento do Universo é limitado.* Sir Isaac Newton, aclamado como uma das mentes mais brilhantes da história do pensamento, disse no fim da vida: "É como se eu tivesse sido apenas um garoto brincando na praia, me divertindo ao encontrar, vez por outra, um seixo mais liso ou uma concha mais bonita, enquanto o grande oceano da verdade repousa totalmente desconhecido, ali adiante."

Newton falou por todos nós. Um Ph.D. em aerodinâmica talvez entenda pouco de relacionamentos humanos. O psicólogo talvez não saiba quase nada sobre física. Embora possamos desenvolver um enorme conhecimento sobre uma pequena faceta do Universo, permanecemos ignorantes diante do imenso oceano do conhecimento. Como ser orgulhosos quando tomamos consciência da nossa grande ignorância?

3. *Dependo totalmente de coisas externas para viver.* Tudo quanto temos é uma dádiva, até mesmo nossa próxima respiração. Eu, pessoalmente, acredito que Deus nos criou e que Sua providência nos sustenta. Encontro em Deus minha fonte de força, sabedoria, orientação e a vida propriamente dita. Procuro por Ele em busca de sentido e propósito.

Mesmo que você não compartilhe de minha fé em Deus, provavelmente concorda que nenhum de nós vence sozinho. É impossível assumir o crédito total do sucesso na vida, ou mesmo de nossa sobrevivência no planeta. Todos dependemos, de algum modo, de algo externo a nós.

Albert Schweitzer, o médico que dedicou a vida a ajudar os hansenianos, na África Equatorial Francesa, não foi para lá pensando em se tornar famoso, embora em 1952 tenha recebido o Prêmio Nobel da Paz.

Uma vez lhe perguntaram: "Se o senhor pudesse viver novamente, o que faria?"

"Se vivesse novamente", respondeu ele, "tomaria o mesmo rumo, pois esse é o meu destino. Minha vida não foi fácil. Enfrentei muitas dificuldades. Ainda assim, pertenço aos poucos privilegiados que foram capazes de seguir o ideal da juventude e sou profundamente agradecido por isso."

Schweitzer dedicou toda a sua vida aos pacientes. Quando alguém agradecia por ele ter lhe tirado a dor, Schweitzer respondia que não tinha sido ele, e sim o amor que o levara à África, o amor que impulsionava as pessoas a doarem medicamentos e o amor que o mantinha ali com sua mulher. Para Schweitzer, a humildade era um estilo de vida.

O orgulho é a consciência das próprias habilidades. A humildade, o reconhecimento de quanto dependemos de fatores externos a nós. Ambos podem conviver harmoniosamente e de forma equilibrada.

Opositor da humildade: a dor

Anita não se dava conta, mas quando estava com as irmãs, todas na faixa dos 40, repetia comportamentos da infância. Sendo a filha do meio, Anita sempre achara que a irmã mais velha recebia atenção por ser a "líder", ao passo que a mais moça era adorada por ser a "engraçadinha". Anita se sentia negligenciada pela família. Sem ter consciência disso, compensava a insegurança tentando se exibir.

Quando as três se encontravam em reuniões familiares, Anita tentava atrair a atenção comentando os elogios recebidos no trabalho, no grupo de teatro da comunidade e o sucesso dos filhos na escola. Em outras palavras, a dor de sentir-se ignorada a levava a concentrar-se apenas em si mesma. Interpretava o distanciamento crescente das irmãs como mais uma prova de exclusão, em vez de reconhecer que ela própria, com seu exibicionismo, criava esse afastamento, em vez de estreitar laços. Se conseguisse demonstrar interesse por elas, em vez de se autopromover o tempo todo, teria tido oportunidade de cultivar a relação com as irmãs.

Mágoas do passado podem facilmente atrapalhar nossas tentativas de buscar a humildade. E não apenas as mágoas geradas pelas dinâmicas familiares do passado, como no caso de Anita. A dor pode ter origem no fato de ter sido preterida para um cargo, de uma amizade ter esfriado, ou de perder o cônjuge para outra pessoa. Seja qual for o caso, o medo de sermos novamente magoados é capaz de fazer com que nos defendamos tentando impressionar os outros. Em resumo, pode nos fazer parecer orgulhosos, esquecendo a arte da humildade.

É só quando buscamos curar nossas feridas recorrendo às outras seis características do amor que ficamos livres para dar mais atenção aos que amamos.

Como seriam seus relacionamentos se você...

- Abrisse mão de seus privilégios para beneficiar os outros?
- Buscasse uma posição de serviço, não um posto de autoridade?
- Usasse seus bens, habilidades e status para ajudar os outros?
- Considerasse qualquer talento que possuísse como uma dádiva?
- Não alimentasse raiva quando outros se colocam em primeiro lugar?

Personalizando

Questões para discussão e reflexão

1. Pense num comportamento observado em alguém no mês passado que demonstrou uma atitude de humildade.
2. Em que ocasião você ganhou alguma coisa porque outro perdeu?
3. A humildade significa reconhecer seu próprio valor, bem como o dos outros. Você acha mais difícil aceitar suas qualidades ou as dos outros? Por quê?
4. O que o torna uma pessoa de valor?
5. O que exige de você mais sacrifício?

Opções práticas

1. Qual é a pessoa pela qual você se disporia a sacrificar-se? Pense numa coisa que poderia fazer, esta semana, para ceder a vez a essa pessoa.
2. Esta semana escolha um lugar, dentro ou fora de casa, e pergunte-se: "Eu ajudaria se fizesse tal coisa?" Se a resposta for sim, então faça.
3. Pense em alguém com quem tenha um relacionamento constante. Pratique a humildade colocando-se no lugar dessa pessoa, agora mesmo. Qual seria a melhor maneira de expressar seu amor hoje? Esse ato de amor envolve algum sacrifício de sua parte?

CAPÍTULO 7

Generosidade

Doar-se aos outros

Numa palavra, o amor é o dom de se dar.

– PAPA JOÃO PAULO II

O Dr. Jack McConnell cresceu na casa mais pobre da comunidade de mineiros de carvão, em Crumpler, no oeste da Virgínia. O salário do pai nunca foi superior a 150 dólares mensais, e ele nunca teve um carro. Mesmo assim, durante a Depressão, a família costumava oferecer almoço a 40 ou 50 pessoas por dia. Andarilhos desempregados viam um cartaz no portão da frente da casa e sabiam que ali poderiam encontrar comida. "Não possuíamos muito", diz McConnell, "mas tínhamos um jardim grande onde plantávamos milho e tomates, e um quintal onde criávamos galinhas. Com isso, preparávamos comida para todo mundo." McConnell lembra que uma das perguntas preferidas do pai para os sete filhos, durante o jantar, era: "E o que você fez para alguém hoje?"

O espírito de doação deixou nele marcas profundas. Hoje o Dr. McConnell, aposentado, é conhecido por ter montado uma clínica na Carolina do Sul que oferece tratamento médico gratuito para quem não pode pagar. Ele emprega seu tempo ajudando milhares de "amigos e vizinhos que estão sofrendo" e inspira outros médicos e enfermeiras aposentados a também doar seu tempo. O sucesso do Volunteers in Medicine (Voluntários da Medicina) incentivou a formação de mais de 50 clínicas semelhantes no país.

Quando lhe perguntaram se gosta de trabalhar sem ganhar nada, McConnell respondeu: "Eu ganho um milhão de dólares todos os dias. O que ganho naquela clínica não pode ser comprado com dinheiro."

Com frequência, pensamos em generosidade como a doação de dinheiro a uma causa digna, ou comprar comida para um morador de rua. Sem dúvida, são gestos generosos, mas a generosidade no contexto do amor autêntico vai muito além de dar dinheiro. Quando amamos verdadeiramente, demonstramos atitude de generosidade em todos os nossos atos. Estamos atentos para atender as mais diversas necessidades dos outros. Isso pode significar ficar acordado até tarde para conversar com o filho adolescente que se abre sobre seus sentimentos na hora em que íamos dormir. Pode significar oferecer-se para levar um amigo ao médico, mesmo que ele não nos tenha pedido, ou dar um presente ao porteiro do prédio que fez serão na noite de Natal.

A palavra *dom* vem do verbo latino *donare*, "doar", ato de dar sem nada receber em troca. Sempre que damos nosso dinheiro, talento ou tempo, reconhecemos que essas coisas nos foram de alguma forma concedidas. Nossas doações não se baseiam no desempenho da outra pessoa ou no que ela nos fez, mas fluem do nosso amor por ela. Quando vivemos imbuídos do espírito de generosidade, é surpreendente ver as oportunidades de amar que surgem em nosso caminho.

Quanto eu sou generoso?

Classifique as declarações abaixo numa escala de 1 a 5, sendo 1 "raramente" e 5 "normalmente".

1. Um dos meus maiores prazeres é conviver com a família.

2. Uso deliberadamente minhas habilidades para ajudar o próximo.
3. Quando falo com alguém, dou-lhe toda a minha atenção.
4. Gosto de doar dinheiro, pois acredito que assim ajudo os outros a reconhecerem seu valor.
5. Quando um objeto meu é quebrado, perdido ou roubado, procuro desapegar-me da frustração o mais rápido possível.

Conte os pontos. Se a pontuação for de 20 a 25, você provavelmente está atento às maneiras de amar o próximo, fazendo uso de diferentes formas de generosidade. Se for mais baixa, pense no que o impede de doar tempo, habilidades ou dinheiro.

E lembre-se mais uma vez: você está num processo de crescimento em que cada pequeno avanço deve ser celebrado e nenhum recuo deve causar desânimo, pois estamos sempre recomeçando.

O ato de doar-se

A generosidade pode culminar em atos, mas começa com uma atitude do coração. Quando nos doamos generosamente, demonstramos como os outros têm valor para nós.

Peter e Sharon, casados há mais de trinta 30, contaram-me sua história. No início do casamento, Peter viajava muito a trabalho, deixando Sharon e as duas filhas pequenas em casa, sozinhas. Quase sempre as viagens eram curtas, mas qualquer mãe sabe como pode ser estressante cuidar sozinha de duas crianças pequenas. Durante todos aqueles anos, Sharon lutou contra a depressão e a ansiedade. Quando Peter estava fora, as obrigações diárias e a preocupação com a segurança dele por vezes a devastavam.

Num determinado dia, Peter saiu antes de Sharon e as meninas terem acordado. Passaria cinco dias em Nova York e precisava pegar um voo cedo. Ligou para a mulher do aeroporto, no momento em que ela dava o café da manhã para as filhas. Sharon tentou parecer alegre, mas não conseguiu esconder o desânimo por ter que enfrentar outra semana sozinha.

– Estou bem, sério, estou bem – disse, ao perceber a preocupação do marido. Era seu mantra familiar. Quando desligou, sentou-se à mesa da cozinha, suja de leite e sucrilhos, e chorou.

Trinta minutos depois, ajudava as meninas a se vestirem quando ouviu a porta da garagem abrir. Em seguida, Peter entrou no quarto.

Sharon olhou-o surpresa.

– O que está fazendo? Suas reuniões! Vai perder o emprego!

– Você precisa mais de mim do que o pessoal de Nova York – respondeu Peter. – Liguei para o meu chefe e expliquei que precisava tirar uns dias de folga. Vai ficar tudo bem. – Ele se ajoelhou para ajudar a arrumar as filhas, sob o olhar encantado da mulher.

Sharon entendeu o que o marido tinha feito: abrira mão de algo importante para demonstrar quanto valorizava o relacionamento dos dois. Naquele dia, Peter concentrou-se em dar atenção à mulher e às filhas. Fez de tudo para manifestar o imenso amor que sentia por elas.

A generosidade envolve mais do que bens materiais. Acima de tudo, envolve empatia, compaixão, transparência e capacidade de ouvir. É normal que, com o passar dos anos, haja um desgaste no relacionamento conjugal. Mas a generosidade nos faz ficar atentos a essa acomodação, para que ela não diminua o amor. Quando somos generosos com os que amamos, procuramos lhes dar toda a atenção quando falam e buscar atender às suas necessidades, não como uma obrigação, mas como uma manifestação de afeto. É claro que muitas vezes será impossível cancelar uma viagem ou faltar a uma reunião de negócios. Mas, nesses casos, o que importa é que o parceiro sinta que, mesmo distantes fisicamente, estamos pensando nele, ligados a seus problemas e desejando ajudá-lo da melhor maneira possível.

Décadas depois, Sharon lembra de detalhes daquele dia como se fosse ontem. O "extravagante" ato de generosidade de Peter demonstrou-lhe o amor do marido de um modo que ela jamais esquecerá.

GENEROSIDADE: dar sua atenção, tempo, habilidades, dinheiro e compaixão gratuitamente.

Dar o tempo

Em meu segundo ano na universidade, surpreendi-me quando o professor, Dr. Harold Garner, me chamou para almoçar, no dia do meu aniversário. Não lembro da comida, nem do restaurante, mas guardo o interesse com que ele me perguntou sobre a minha família. O que ficou marcado foi sua sincera preocupação comigo, como pessoa. Desde então, passei a usufruir muito mais de suas aulas. Foi o único professor que me convidou para almoçar. Desde aquele dia, Harold Garner ocupa um lugar especial em meu coração, pois ele me doou seu tempo e sua atenção.

Na cultura atual, o tempo é uma das coisas mais importantes que podemos oferecer a alguém. Ceder nosso tempo a uma pessoa é dar-lhe uma porção de nossa vida. Uma hora ouvindo uma criança contar seu primeiro dia na escola representa um tempo em que poderíamos desenvolver uma série de atividades que nos parecem mais úteis e necessárias. O tempo que se dá é uma poderosa expressão de amor, porque manifesta o desejo de conhecer melhor alguém. O escritor James Vollbracht conta a história de uma avó, Ruth, que morava numa vizinhança infestada de gangues juvenis. Ela saía sozinha todos os dias para uma caminhada, apesar dos protestos das amigas, receosas de que ela fosse assaltada. "Mas Ruth tinha uma estratégia única. Em vez de evitar os garotos, aproximava-se deles, perguntava seus nomes, contava histórias sobre a vizinhança e sobre seus pais, avós, tios e tias."

Ruth não temia por sua segurança, porque os rapazes das gangues sabiam que ela se preocupava com eles. "Tudo o que aqueles garotos realmente queriam era ser reconhecidos e respeitados", disse. "Eles buscavam na gangue o que não obtiveram da família ou da comunidade. Eu tento transmitir-lhes alguns valores básicos sempre que posso."

Levar algum tempo perguntando sobre a vida do outro e ouvindo com atenção demonstra que você se importa com ele. É preciso passar algum tempo com as pessoas para descobrir suas necessidades e desejos. Porque só é possível expressar amor por uma pessoa quando a conhecemos. Dentro de nossos limites, podemos oferecer nosso tempo para alguém todos os dias.

Boa pergunta

Fazer perguntas é uma das maneiras mais afetuosas de se relacionar – e uma das mais recompensadoras. Em seu livro *The Healing Art of Storytelling* (A cura através da arte de contar histórias), Richard Stone escreve sobre a importância de pedir às pessoas mais velhas que falem dos eventos históricos que presenciaram. Podemos aprender muito sobre alguém ao ouvir histórias de sua infância, de seus primeiros amores, da escolha da profissão, e por aí afora.

Antes da imprensa escrita, contar histórias era uma atividade comum: os relatos eram passados de geração em geração, e os mais jovens davam continuidade à tradição. Hoje, num mundo de e-mails, trocamos muitas palavras todos os dias, mas raramente entramos em contato com a experiência de alguém.

Ter tempo para fazer boas perguntas – num almoço de negócios, quando seu cônjuge volta para casa no final do dia, ou ainda quando um amigo liga só para dizer "oi" – ajuda a fortalecer os relacionamentos e demonstra que você valoriza o outro.

HÁBITOS A ADQUIRIR

Quando você não sabe como demonstrar amor a uma pessoa, faça perguntas sobre ela.

Tempo de cura

Quando o filho de Kara morreu, ela achou que não seria capaz de superar a dor. Poucos meses depois, Sophie, a mãe idosa de uma amiga, perdeu o marido que sofria de câncer. Embora as duas não se conhecessem bem, Kara ligou para Sophie na manhã do Dia de Ação de Graças, pois sabia como os feriados podem ser dolorosos quando se enfrenta a perda de alguém. Depois de conversarem cerca de meia hora, as duas mulheres combinaram um encontro em dezembro. Passaram a se ver regularmente. Folheavam o álbum de casamento de Sophie e o álbum de bebê do filho de Kara. Faziam perguntas uma à outra, falavam ao telefone nos dias mais sofridos, e saíam para almoçar nas datas difíceis. Encontraram a cura trocando entre si a dádiva do tempo.

Quase todo mundo que encontramos enfrenta problemas, de um jeito ou de outro. Pode ser uma questão de saúde, um relacionamento em crise, estresse profissional, sentimentos de baixa autoestima, ou depressão. Oferecer um ouvido atento ajuda a levar esperança e apoio a essas pessoas. Como Kara e Sophie descobriram, a maravilha de doar seu tempo àqueles que sofrem é que, ao ajudar os outros, acabamos por ajudar a nós mesmos.

Tempo em família

Ao longo dos anos, ouvi em meu consultório inúmeras esposas dizerem, de diferentes maneiras, o que uma me contou recentemente: "Sinto que não tenho importância para o meu marido. Ele encontra tempo para tudo, menos para mim. Raramente conversamos, exceto sobre administração doméstica." Esse casamento está morrendo, pois o que a esposa mais deseja é tempo de qualidade com o marido, mas este não tem consciência de que essa é uma forma preciosa de manifestar amor.

É fácil pensar que não precisamos gastar tempo com aqueles com quem vivemos, porque os vemos todos os dias. Mas a generosidade de oferecer tempo à família é um passo importante no relacionamento.

As crianças anseiam por essa expressão de amor. Um jovem me disse recentemente: "Meus pais são tão ocupados, que desconhecem os filhos. Não sei por que nos tiveram." Um homem me contou que, na infância, seu pai nunca tinha tempo para ele. O menino cresceu e passou a se ocupar com a própria família. Quando o pai ligava pedindo um encontro, o filho adulto respondia que não tinha tempo para vê-lo. O pai acabou percebendo que o filho crescera exatamente igual a ele.

Normalmente, estamos sempre adiando os encontros, achando que *depois* das férias de fim de ano, ou do próximo prazo para a entrega de um trabalho, ou da próxima reunião com o pessoal de fora, conseguiremos empregar nosso tempo de outra maneira. Mas, como escreve Annie Dillard: "Passamos a vida como passamos os dias." As escolhas que hoje fazemos sobre como investir em nossos relacionamentos mais íntimos provavelmente reflete, se não mudarmos de atitude, as escolhas que faremos ao longo da vida.

Nenhum de nós jamais amará a família com perfeição. Mas quando cultivamos um espírito generoso, nos tornamos mais atentos para investir tempo naquilo que é mais importante, não necessariamente no que parece mais urgente.

A coisa mais importante talvez não seja a mais urgente.

O sacrifício do tempo

Talvez você esteja pensando: *Isso tudo é fantástico, mas não posso acrescentar mais nada à minha vida no momento. Adoraria passar mais tempo com as pessoas, mas também preciso ganhar a vida, cuidar da casa e ter um pouco de lazer.* Concordo com você. É difícil encontrar um equilíbrio entre tantas solicitações. Mas sempre sobram brechas, e é melhor doar o tempo possível – mesmo que seja pouco – sabendo que às vezes uma palavra, um gesto, uma escuta podem fazer toda a diferença para o outro e dar um retorno de alegria para você.

Quando perguntaram ao financista J.P. Morgan: "Quanto dinheiro é o bastante?", ele respondeu, supostamente de brincadeira: "Só um pouquinho mais." Imagino que muitos de nós diriam o mesmo em relação ao tempo. Nunca temos todo o tempo que queremos ou supomos precisar. Se não planejarmos bem, acabaremos dispersando nosso tempo em tarefas supérfluas, em vez de priorizarmos nossos relacionamentos. Sempre temos a oportunidade de dar atenção aos outros e de expressar nosso interesse por eles. Se existe em nossos corações o desejo de doação, buscaremos a melhor forma de oferecer a dádiva do tempo.

Mudança radical

Só você é capaz de decidir como investir seu tempo. É possível que a leitura deste capítulo opere mudanças radicais no modo como você emprega seus dias.

Lembro-me de Robertson McQuilkin, o presidente da Columbia International University, que abriu mão da presidência quando a mulher começou a apresentar sinais de demência. Ela só ficava em paz quando ele estava em casa. Não foi uma decisão difícil. Ele disse: "Minha mulher cuidou de mim e sacrificou-se durante todos esses anos. Mesmo se eu cuidasse dela pelos próximos 40 anos, ainda ficaria devedor... E tem mais: eu amo Muriel." Durante os 13 anos seguintes, ele exerceu a dádiva do amor cuidando da esposa. Só após a morte dela, reassumiu suas atividades.

Não é preciso uma atitude tão radical. Pode ser tão simples quanto decidir ter pelo menos uma conversa de qualidade todo dia. Essa conversa pode ser curta ou demorada, mas será em torno de questões mais essenciais. A dádiva do tempo é uma poderosa expressão de amor, e existem muitas receitas possíveis.

A dádiva das habilidades

Era um dia gelado de janeiro, e eu estava fora da cidade conduzindo um seminário sobre casamento. Tarde da noite, telefonei para ter notícias, e minha mulher disse que o sistema de calefação da casa tinha parado de funcionar. Sugeri que, apesar da hora, ela ligasse para o nosso amigo Larry, perguntando se ele poderia ajudá-la. Quando voltei a falar, meia hora depois, Karolyn informou que já tínhamos aquecimento. Larry atendera prontamente ao pedido e expressara seu amor usando uma habilidade que Karolyn não possuía. Além dessa, Larry também é um grande cozinheiro. Ele exerce seu dom preparando refeições deliciosas quando trabalha como cozinheiro voluntário em acampamentos de jovens durante o verão.

Eu, particularmente, não sei cozinhar nem entendo de mecânica. Talvez você seja como eu e também não tenha muitas habilidades, mas o importante é que todos temos algo que pode ser usado como expressão de amor.

Encontrando satisfação

Anne Wenger era uma querida amiga de longa data. Fonoaudióloga, aos 54 anos contraiu poliomielite e, a partir de então, passou a andar com dificuldade. Por muitos anos, permaneceu em casa com a porta destrancada, para que pais lhe trouxessem os filhos necessitados de tratamento. Investiu horas na recuperação de crianças, sem cobrar nada, e usou suas habilidades para expressar amor ao próximo. Encontrei poucas mulheres mais felizes e realizadas do que Anne Wenger. Ela conhecia a alegria de amar o próximo oferecendo suas habilidades.

Há poucos anos, viajei para o Sudeste Asiático para encorajar trabalhadores que haviam se alistado como voluntários depois da catástrofe do tsunami de 2004. Nessa ocasião, conheci Gary e Evelyn. Ele, com 85 anos, ela, com 81. Gary era um especialista em agricultura, e o casal passara 12 anos de suas vidas no Caribe. Ao se aposentarem, aos 65 anos, começaram a buscar oportunidades de ajudar em outros lugares mundo afora. Foram para o Sudeste Asiático e ao descobrirem que os habitantes de diferentes países desejavam muito aprender inglês, dispuseram-se a ensinar. Logo foram convidados a fazê-lo em monastérios budistas, hospitais do governo e outros locais.

– Por quanto tempo pretendem continuar assim? – perguntei.

– Enquanto tivermos saúde e energia – respondeu Gary.

Eis um casal que descobriu a alegria de usar uma simples habilidade – ensinar inglês como segunda língua – para expressar amor a milhares de desconhecidos.

Não precisamos sair do país para amar generosamente. Usar nossas habilidades para expressar amor pode ser muito mais simples e satisfatório do que imaginamos.

Um chamado ao amor

Quando Bill foi para um asilo, teve muito medo do que aconteceria com suas finanças. A filha chamou Keisha, uma funcionária de um banco próximo, que cuidava das contas de várias pessoas do asilo. Keisha passou horas conversando com Bill e a filha sobre seu futuro financeiro e deu conselhos que pouparam à família milhares de dólares.

Quando Bill ficou doente demais para sair do quarto, começou a encomendar roupas, equipamento de jardinagem e várias ferramentas por meio de catálogos. Ia tudo para a caixa postal, e alguém do banco tinha que trazer-lhe as encomendas. Em vez de criticar Bill por usar seu dinheiro daquela maneira, ou por fazê-la perder tempo, Keisha apanhava os pacotes e mandava entregá-los. Quando ele encomendou um novo paletó, ela foi pessoalmente ao asilo vê-lo abrir o pacote, pois sabia quanto ele estava animado com isso.

Quando Bill faleceu, muitos anos depois, Keisha continuou a usar suas habilidades, superando mesmo as exigências de seu trabalho, para ajudar famílias a resolverem problemas financeiros. Fez muito mais do que seu dever, pois estava consciente de sua vocação: ter sido chamada a amar o próximo.

O poder da vocação

A palavra *vocação* significa "chamado". A vocação no seu sentido mais profundo é uma expressão de amor, pois atende às necessidades do próximo. Somos todos chamados a enriquecer a vida dos outros fazendo do amor o propósito fundamental de nossas vidas. É disso que este livro trata.

Basicamente usamos nossos talentos para o sustento da família. Mas há certas ocupações que aqueles cuja existência é voltada para o amor escolhem não seguir. Elas recaem em três categorias: (1) ocupações ligadas a assuntos que causarão danos, como o tráfico de drogas; (2) ocupações que não proporcionam qualquer bem à sociedade; e (3) ocupações que, embora admissíveis, são prejudiciais à pessoa, como trabalhar num bar quando se é alcoólico. Por isso, alguns mudam de atividade quando amadurecem em sua trilha rumo ao amor. Como é triste investir grande parte da vida numa profissão que não aprimora a vida dos outros! Agir assim é desperdiçar as habilidades que nos foram dadas.

Seja qual for a sua profissão, você pode buscar ajudar as pessoas com quem trabalha. Se não gosta do seu trabalho atual – se não o sente como uma resposta à sua vocação – procure mudar de emprego. Mas enquanto isso não acontece, ser generoso com aqueles que o cercam pode ser uma expressão de amor.

Lembram-se de Robertson McQuilkin que deixou o cargo de presidente para dedicar-se à mulher doente? Este é um exemplo extremo, e certamente McQuilkin tinha recursos que lhe permitiram afastar-se do trabalho profissional. Mas o chamado pode revestir-se de várias formas, e muitas vezes estaremos sacrificando algumas de nossas habilidades para usar outras em nome do amor. Qualquer gesto realizado no espírito do amor em benefício do relacionamento é um ato de generosidade.

Seja qual for seu trabalho hoje, ele pode ser uma expressão de amor.

Das 9 às 17 horas

Todos nós temos inúmeras oportunidades de usar nossas habilidades para expressar o amor ao próximo. Conheço um professor que usa seu dom, fora de seu horário de trabalho, para ensinar gratuitamente a crianças carentes. Conheço um grupo de mulheres aposentadas que passam uma manhã por semana fazendo mantas para um asilo de idosos. Conheço uma esposa que fica acordada até tarde digitando os relatórios do marido.

Uma forma simples de usar nossas habilidades é ajudar em casa. Cozinhar, limpar, trocar fraldas, consertar o computador, botar um filho para dormir e trocar lâmpadas queimadas são meios de usar nossos talentos para demonstrar amor à família.

É importante reconhecer o próprio valor para descobrir as várias maneiras de usar nossos dons em benefício do próximo. Não tenha dúvida: você desempenha um papel único e importante no mundo. Cada um de nós é chamado a usar os talentos que lhe foram concedidos para "deixar seu canto do mundo melhor do que o encontrou". Ao usar seus talentos para expressar amor, você não apenas se torna uma pessoa capaz de amar, mas também ajuda os outros a transformar o amor num estilo de vida.

Doar dinheiro

Quando o fundador da Microsoft, Bill Gates, o homem mais rico do mundo, criou uma fundação de caridade, em 1994, fazendo uma contribuição inicial de 94 milhões de dólares, a notícia virou manchete. Desde então, Gates e a mulher doaram mais de 16 bilhões de dólares para financiar projetos em benefício da humanidade, como fornecer água potável na África e lutar contra a AIDS. Então, em 2006, Warren Buffett anunciou que doaria à Fundação Gates ações totalizando mais de 30 bilhões de dólares. Compreensivelmente, esse gesto também se tornou manchete dos principais jornais do país.

Compare isso às ações de Albert Lexie, um engraxate deficiente de Pittsburgh, Pensilvânia. Lexie cobra 3 dólares para engraxar um par de sapatos e ganha apenas cerca de 10 mil dólares por ano com seu trabalho. Mesmo assim, ele contribui para melhorar a vida de várias pessoas, todos os dias.

No início dos anos 1980, Lexie ouviu falar do Free Care Fund, que angariava dinheiro para o hospital infantil de Pittsburgh. Embora tivesse muito pouco, duas vezes por semana Lexie começou a engraxar sapatos no hospital e a doar para o fundo das crianças as gorjetas recebidas. Desde então, já doou mais de 100 mil dólares.

Quando vemos as contribuições de Lexie com os olhos do amor autêntico, reconhecemos que sua generosidade é tão significativa quanto as doações de Gates e de Buffett. No decurso da história, graças às doações diárias de anônimos de boa vontade, foram criados hospitais, universidades, abrigos para os sem-teto e centros de distribuição de roupa e alimentos, mundo afora.

O desejo de doar dinheiro é uma das maneiras mais satisfatórias e práticas de valorizar os outros. A alegria em doá-lo é apenas um de seus muitos benefícios.

Quanto devo doar?

Alguns acham que não podem doar muito porque não possuem uma grande riqueza. Mas nossa atitude em relação ao dinheiro e aos relacionamentos é muito mais importante do que a quantia de que dispomos. Se não temos um coração generoso, nada daríamos, ainda que tivéssemos muito.

Em certo sentido, não importa quanto damos, desde que seja dado com espírito generoso. Se todos se dispuserem a dar um percentual do seu ganho, as carências da humanidade serão mais bem supridas.

David Bach, autor da série de livros O *milionário automático*, escreve "*Quanto mais você der, mais rico se sentirá.* Por estranho que pareça, o fato é que o dinheiro geralmente flui mais para aqueles que dão. Por quê? Porque quem dá atrai a abundância para a sua vida, não a escassez."

Quanto mais você dá, mais riqueza real terá.

Se você vive com um salário fixo, talvez não seja capaz de dar o mesmo que outros, mas pode dar algo. Algumas das pessoas mais generosas que conheci começaram com pequenas doações. Consta que John D. Rockefeller, um dos homens mais ricos do último século e um modelo da filantropia moderna, doou 10% de seu primeiro salário e simplesmente passou a aumentar a porcentagem a partir daí. Imagine o bem que podemos fazer se começarmos a dar um percentual do que temos para reconhecer o valor de outras pessoas!

Se nosso coração estiver atento aos outros, desejaremos investir tudo o que temos em relacionamentos. Mas se estamos apenas voltados para nós mesmos, então buscaremos acumular tudo o que temos para uso próprio. Não quero dizer que se deva ser imprevidente. O que se deve é usufruir o presente e planejar o futuro com espírito de generosidade, sem acumular desnecessariamente, mas planejando e dando nosso amor aos necessitados, tanto os mais próximos quanto os desconhecidos.

HÁBITOS A ADQUIRIR
Não importa qual tenha sido a quantia doada este ano, aumente-a em 1% no próximo ano e a cada ano sucessivamente.

Por que doamos?

Quando Steve soube que a recepcionista de sua empresa seria submetida a uma cirurgia inesperada, semanas depois de o marido ter perdido o emprego, ele lhe deu de presente um vale de 50 dólares de um supermercado. Cinquenta dólares não cobrem despesas hospitalares, mas podem comprar gêneros alimentícios de primeira necessidade. Mais importante, com seu gesto Steve comunicou à recepcionista que era solidário e se preocupava com ela. Esse é o melhor uso possível do dinheiro: fortalecer relacionamentos.

Se dermos, não em benefício dos relacionamentos, mas para receber elogios, não seremos verdadeiramente generosos e perderemos a alegria mais profunda do ato de amor. A Epístola de São Paulo afirma: “Ainda que distribuísse todos os meus bens aos famintos, ainda que entregasse meu corpo às chamas, se não tivesse o amor, isso de nada me adiantaria." Quando o amor genuíno pelo próximo motiva a nossa dádiva, a generosidade não é um peso, mas uma alegria. Doamos por reconhecer o valor inestimável do outro.

O perigo e o potencial do dinheiro

Quando John D. Rockefeller acumulava a fortuna gerada pela indústria do petróleo, um consultor lhe disse: "Sr. Rockefeller, sua fortuna está dobrando e crescendo como uma avalanche! O senhor deve acompanhar seu ritmo! Deve distribuí-la mais rápido do que ela cresce! Do contrário, ela haverá de esmagá-lo, a seus filhos e aos filhos de seus filhos." Qualquer quantia tem o potencial de causar mais danos do que bem se for razão de conflito, em vez de contribuir para o fortalecimento dos nossos relacionamentos. Quando doamos, tomamos consciência da importância das outras pessoas em nossa vida. Mas quando retemos tudo para nós, podemos levar uma vida material mais confortável, mas seremos mais pobres como pessoas.

Não importa se temos tanto quanto John D. Rockefeller, ou tão pouco quanto o engraxate. Uma atitude mesquinha empobrecerá nossos relacionamentos, ao passo que a atitude generosa servirá para fortalecê-los.

Desapegue-se

Pela primeira vez na vida, Dennis comprou um carro novo, direto da concessionária. Pesquisou o que queria e mandou acrescentar vários acessórios. No fim da semana seguinte, foi de carro visitar a mãe. Enquanto conversavam, seus sobrinhos andavam de bicicleta do lado de fora. De repente, Dennis ouviu um grito: "Cuidado com o carro do tio Dennis!" Saiu correndo e constatou um arranhão que ia de um lado ao outro da lateral. A única coisa a fazer era mandar para a oficina. Ao ver a cara culpada e desolada do menino, Dennis afagou-lhe a cabeça e disse: "Não se preocupe, sei que não foi de propósito e vou mandar consertar. Mas é bom tomar mais cuidado."

Quando lhe perguntei se ele não se aborrecera, Dennis respondeu-me: "É claro que eu não fiquei contente, mas a chateação durou pouco. Eu adoro o meu carro, mas afinal é só um carro, e a minha relação com minha irmã e meu sobrinho é mais importante do que ele." Desapegar-se de bens materiais para priorizar os relacionamentos é amar com generosidade. Talvez não seja um movimento espontâneo, mas uma escolha consciente e deliberada que vai se incorporando até tornar-se um hábito.

A generosidade dá aos bens materiais sua real dimensão.

Projeto de doação

Muitas pessoas são estimuladas a participar do que chamo de Projeto de Doação. Um homem me disse: "Fiquei encantado quando ouvi Joni Tada, uma paraplégica, falar de seu Projeto Cadeiras de Rodas. Ela recolhe cadeiras de rodas usadas, manda consertá-las e as envia para países do Terceiro Mundo. Isso me tocou e eu quis contribuir para o projeto, doando dinheiro." Esse homem compartilhava a alegria de participar de um trabalho iniciado por outra pessoa.

Para quais instituições devo doar?

Se quiser fazer doações – financeiras ou não – o ideal é buscar organizações locais em que confie. Li, certa vez, a história de uma mulher que se ofereceu como voluntária na creche para crianças portadoras de deficiências que seu filho frequentava antes de morrer. "Era ali o local onde ele vivia mais feliz... Posso ajudar porque sei o que é ser mãe de uma criança especial." Essa mulher, mais tarde, fez um curso de terapia ocupacional para poder ajudar outras famílias necessitadas.

Quanto às doações financeiras, é fundamental informar-se a respeito das instituições, tanto para saber se são confiáveis – há muito charlatanismo e incompetência nessa área – quanto para avaliar o alcance das ações empreendidas.

Mais do que imaginávamos ter

Winston Churchill disse certa vez: "Vivemos com o que ganhamos, construímos uma vida com o que damos." Só quando damos uma parte de nossos bens é que tomamos consciência de quanto ainda nos resta. Esse é um dos muitos benefícios que alcançamos quando escolhemos praticar o amor autêntico. Quando a doação flui do coração, o sentimento é de humildade, não de orgulho. Não damos por um sentimento de dever, mas por amor.

O túmulo de Christopher Chapman, na Abadia de Westminster, ostenta a data de 1680 e a seguinte declaração:

O que dei, tenho.
O que gastei, tive.
O que guardei, perdi
Por não tê-lo dado.

Quando aprendemos a arte de dar, descobrimos que temos mais do que jamais imaginamos.

A simples alegria de doar

Quando a mãe de Amber Coffman quis ser voluntária na Sarah's House, um abrigo para moradores de rua perto de sua casa, convidou a filha, então com 12 anos, para acompanhá-la. O convívio semanal das duas com as crianças e os respectivos pais ensinou-lhes a alegria e a dor presentes nas histórias dos outros.

O desejo de doar-se cresceu a partir de relacionamentos construídos com a comunidade dos sem-teto, e aos 15 anos Amber iniciou um programa para ajudar as populações pobres de Baltimore, chamado Happy Helpers for the Homeless (Ajudantes felizes dos sem-teto). Começou recrutando jovens da sua idade para preparar sanduíches em sua casa e sair distribuindo-os a pessoas carentes. Hoje Amber continua a dirigir a organização que ajudou mais de 30 mil pessoas e gerou 49 programas semelhantes nos Estados Unidos e no exterior.

Cada pessoa é um relacionamento

É inevitável que haja satisfação quando nossos atos generosos são reconhecidos. Não há nenhum mal nisso. O importante é nunca perder de vista que a principal motivação é exercer o amor e com ele estabelecer relacionamentos. Porque só assim nos realizaremos plenamente como ser humano, e nossos atos imprimirão essa marca transformadora no mundo.

Madre Teresa de Calcutá, cuja generosidade trouxe conforto e paz a dezenas de milhares de pessoas, escreveu certa vez: "Nunca vejo as massas como minha responsabilidade. Vejo as pessoas." É bom lembrar-se de exemplos como esse quando nos sentimos sobrecarregados diante da quantidade de necessitados. Se nos sentirmos responsáveis por toda a humanidade, desistiremos antes de começar. Mas se estivermos atentos para as necessidades que nos cercam e dermos uma resposta na medida de nossas possibilidades, iremos expandindo essa capacidade de nos doarmos por amor.

Não importa o que você doe, ou como doe. Lembre-se de que está servindo a uma pessoa.

A generosidade não precisa ser um fardo em nenhum de nossos relacionamentos. Embora possa exigir sacrifício, como qualquer relação de amor, as recompensas proporcionam energia e entusiasmo insubstituíveis. Ter a oportunidade de construir relacionamentos ajudando os que passam por necessidades é um dos maiores privilégios da vida.

Opositor da generosidade: nossa sobrecarga

Vivemos tentando cumprir prazos, correndo entre a escola dos filhos, supermercado, as reuniões de trabalho, providências e obrigações.

Com todas essas atividades lotando nossa agenda, é fácil concentrar nosso tempo, atenção, dinheiro e energia nas tarefas a realizar, não nas pessoas. Nessa correria, corremos o risco de deixar de lado aqueles que realmente precisam de nós e perder a oportunidade de servi-los.

Artigos em revistas falam da necessidade de diminuir o ritmo em benefício de nossa saúde e bem-estar. Pode ser verdade, mas também precisamos diminuir o ritmo em benefício de nossos relacionamentos. Como saber do que as pessoas precisam e, principalmente, como ajudá-las, se estamos sempre absorvidos por nossos compromissos?

Quantos de nós trabalhamos ao lado de alguém, sem nos darmos conta do que se passa com esse colega? Até mesmo em casa, sentamos à mesa com os filhos e dormimos ao lado do cônjuge sem ter disponibilidade para saber de suas necessidades, porque nossa cabeça está longe, ocupada por todas as solicitações externas.

É claro que cada um de nós tem obrigações a cumprir ao longo do dia. Mas quando temos uma visão mais ampla da vida, e não deixamos que ela se reduza ao atropelo diário, percebemos que a generosidade é mais simples do que supomos. A pergunta afetuosa "Como posso ajudá-lo?" não leva muito tempo para ser respondida. Parar e ouvir pode fazer muita diferença para uma pessoa carente de amor.

Como seriam seus relacionamentos se você...

- Não se apegasse tanto a seus bens e se dispusesse a doá-los quando necessário?
- Doasse um percentual de seus rendimentos para ajudar os outros?
- Reservasse um tempo diariamente para mostrar a um conhecido, amigo, filho ou cônjuge que você está interessado na felicidade dele?
- Usasse suas habilidades para beneficiar o próximo de maneiras criativas?
- Encontrasse alegria em cultivar um espírito generoso, independentemente das circunstâncias?

Personalizando

Questões para discussão e reflexão

1. Lembre-se de uma ocasião em que você experimentou a alegria de doar.
2. Ao analisar seus padrões de doação ao longo dos últimos anos, como descreveria sua atitude? Egoísta? Inconsistente? Moderada? Generosa? Você está satisfeito com esse padrão?
3. O que o impede de doar dinheiro? De doar seu tempo? De ajudar com alguma de suas habilidades?

Opções práticas

1. Prepare uma lista com alguns dos melhores presentes que você recebeu ao longo da vida. Pode incluir educação, pais amorosos, inteligência, uma oportunidade de trabalho... A doação começa quando você toma consciência disto: *Tudo o que sou e possuo é uma dádiva.*
2. Existem pessoas em sua família ou no círculo de amigos com quem você deseje passar mais tempo? Caso existam, o que você pode fazer para que isso aconteça?

3. Cite algo que você poderia fazer de imediato para tornar-se mais sensível às oportunidades de doação que surgem diariamente.
4. Você costuma doar alguma parcela de seus rendimentos em benefício dos necessitados? Em caso negativo, vê isso como um objetivo a ser alcançado? Por quê?
5. Faça uma lista das doações em dinheiro realizadas no ano passado. Existem outros indivíduos, igrejas, grupos comunitários ou projetos que gostaria de acrescentar à sua lista, no próximo ano?
6. Prepare uma lista de algumas das habilidades que julga possuir. Como as usou para prestar ajuda, no passado? Que passo poderia dar para expressar amor ao próximo empregando suas habilidades?

CAPÍTULO 8

Honestidade

Revelar quem você realmente é

A verdade é tão rara que é maravilhoso dizê-la.

– EMILY DICKINSON

Joy e Becca começaram a trabalhar no departamento de marketing de uma companhia telefônica, mais ou menos na mesma época. Ansiosa por progredir na carreira, Joy fazia horas extras para causar a melhor impressão possível. Becca também queria agradar ao supervisor, mas encarava seu emprego basicamente como uma chance de ganhar dinheiro, antes de se casar e constituir família.

As jovens gostavam de conversar durante o almoço e tornaram-se amigas. Reclamavam do trabalho puxado, das instalações desconfortáveis e do salário baixo.

Então, certo dia, Becca contou, animada, que lhe haviam oferecido uma promoção. Seu novo cargo lhe proporcionaria um salário melhor, uma sala só para ela e mais autoridade. Estava progredindo.

Joy tentou demonstrar alegria, mas teve dificuldade. "Por que ela conseguiu uma promoção quando nem pretende continuar a trabalhar na empresa?"

Ao longo dos meses seguintes, Joy seguidamente inventava desculpas para não se encontrar com a amiga. Finalmente, Becca parou de mandar e-mails dizendo que estava saudosa e convidando a amiga para almoçar. Joy chegou a levar flores para enfeitar a nova sala de Becca, mas falou rapidamente com ela. Algum tempo depois, as duas jovens começaram a se evitar nos corredores.

"Você e Becca não eram amigas?", perguntou um dia uma colega de trabalho. Essas palavras ecoaram nos ouvidos de Joy o resto do dia e durante a noite. Ela percebeu que seu orgulho a impedia de admitir para Becca o que realmente a incomodava e que estava a ponto de perder a amiga. Entrou no carro e rumou para o apartamento de Becca.

"Fiquei com inveja", disse assim que entrou. "Queria aquele cargo, e você nem se deu conta disso. Mas lamento muito ter reagido daquela maneira."

As duas conversaram honestamente sobre suas aflições. Ouviram e disseram palavras duras, mas algo mudou no relacionamento. Nas semanas seguintes, retomaram a amizade, determinadas a não deixar que uma situação semelhante se repetisse e a dizerem sempre a verdade uma para a outra. Ao ser honesta sobre seus sentimentos, Joy foi capaz de comemorar o sucesso da amiga, enquanto Becca sentiu-se livre para discutir suas inseguranças e seus medos, porque confiava de novo na amiga.

Em meus anos de aconselhamento, vi os efeitos que a honestidade ou a desonestidade pode causar num relacionamento. Duas pessoas precisam ser abertas e transparentes uma com a outra se desejam construir um relacionamento sólido que permita o crescimento das duas. Se não houver honestidade no relacionamento, o amor autêntico não crescerá.

É claro que não podemos obrigar ninguém a ser honesto conosco. Mas quando vivemos e falamos a verdade, nós *nos* libertamos para viver bem e sermos amados. Sem honestidade, todos os outros traços de uma pessoa capaz de amar ficam incompletos.

Sou confiável?

Uma das coisas que buscamos neste capítulo é descobrir o que as pessoas consideram uma mentira. Para descobrir em que perfil você se encaixa, responda às perguntas seguintes numa escala de 0 a 5, sendo 0 "nunca" e 5 "normalmente".

1. Não vejo problema em contar pequenas mentiras para me proteger ou proteger outra pessoa.
2. Não importa se eu acredito no que digo, desde que *pareça* acreditar.
3. Se meu chefe sabe que ninguém cumpre rigorosamente as regras, não vejo problema em agir como todos.
4. Acho difícil brigar pelo que acredito, pois nunca sei de fato se estou certo.
5. Se digo a verdade e a pessoa fica chateada, penso que isso é problema dela.

Conte seus pontos. Se sua pontuação for 5 ou menos, você obviamente deseja ser uma pessoa verdadeiramente honesta. Se for acima de 5, este capítulo pode desafiá-lo a repensar a importância da verdade. É surpreendente constatar a importância da honestidade quando estamos determinados a amar autenticamente.

As características do amor

Durante a pesquisa para escrever este livro, pedi a inúmeras pessoas que citassem o nome de alguém realmente capaz de amar. Depois, perguntava: "Por quê? Qual a característica dessa pessoa que o leva a concluir que ela é capaz de amar?"

A maioria das respostas se enquadrava nas características do amor que já vimos nos capítulos anteriores. A pessoa capaz de amar foi descrita como gentil, paciente, capaz de perdoar, humilde, cortês e generosa. Mas um número significativo de meus entrevistados também comentou que a pessoa com capacidade de amar diz a verdade mesmo quando o outro não deseja ouvi-la. Uma conhecida pode dizer o que você *quer* ouvir, mas uma amiga de verdade vai dizer o que você *precisa* ouvir.

Mark conta que a mulher sempre lhe dá respostas honestas quando ele se sente desencorajado. "Ela me ouve e depois emite sua opinião sobre a situação – mesmo que isso signifique apontar limitações que eu preciso superar. Mas ela me diz a verdade de um modo tão atencioso, que sei que a sua intenção é realmente me ajudar."

Anne fala sobre a amiga Angie: "Ela tem o dom de pensar nos outros e faz com que cada um se sinta especial. Quando comecei a trabalhar na empresa, ela ia até a minha mesa me dar bom-dia ou se despedir. Depois, quando nos conhecemos melhor, sugeriu, com delicadeza, uma mudança no meu corte de cabelo. Em vez de criticar meu corte, disse que achava que eu ficaria fantástica. Ela vê potencial em tudo." Falar sobre cortes de cabelos pode parecer um detalhe menor, mas dar opiniões com gentileza e respeito reflete uma liberdade no relacionamento que só pode vir do amor autêntico.

Em busca da honestidade

Outra pergunta foi: quais as características de uma pessoa verdadeiramente capaz de amar? Veja algumas das respostas recebidas:

- Uma pessoa capaz de amar é sempre honesta com aqueles que ama e lhes dirá a verdade com o maior respeito.
- Uma pessoa capaz de amar é verdadeira, mas não julga os outros.
- Uma pessoa capaz de amar deseja ajudá-lo em decisões difíceis, conforta-o quando você está magoado, demonstra amor quando você está carente, comemora quando você conquistou algo. É honesta quando percebe coisas em sua vida que necessitam de mudança.

- Uma pessoa capaz de amar está disposta a dar conselhos e fazer críticas quando for necessário, a fim de ajudá-lo a se tornar uma pessoa melhor. É honesta e, ao mesmo tempo, sensível.

A honestidade foi uma resposta comum a várias perguntas feitas a homens ou mulheres, jovens ou idosos, sobre o que significa amar. Todos ansiamos por conhecer pessoas cujas palavras e ações sejam consistentes e reflitam o desejo de fazer do amor um estilo de vida.

HONESTIDADE: uma amorosa consistência na fala, no pensamento e na ação.

Gostamos que nos contem a verdade

Queremos quase sempre que nos contem a verdade. Uma colega escritora disse que um dia, quando criança, foi avisada ao acordar que não iria à escola, mas ao hospital, para uma cirurgia no olho. Ela era grande o suficiente para compreender que seus pais lhe tinham escondido essa informação. A lembrança de ter sido traída é mais dolorosa do que a lembrança da cirurgia em si.

Compare essa experiência com a de um garotinho recentemente submetido a uma cirurgia cardíaca. Ele perguntou ao avô se ia doer. O avô respondeu com honestidade, mas incutiu-lhe esperança: "Sim, durante algum tempo. Mas existem remédios para diminuir a dor, ela vai desaparecer em poucos dias, e você vai ficar bom."

A desonestidade é como uma placa bacteriana que corrói uma amizade, um casamento, um relacionamento familiar ou profissional. Se quisermos ser pessoas capazes de amar, precisamos falar e agir com verdade. Só então seremos livres para amar os outros como eles realmente são. Por isso, a honestidade é tão fundamental nos relacionamentos amorosos.

Falar a verdade com amor

Como vimos nos capítulos anteriores, se desejamos viver nossos relacionamentos com honestidade, precisamos *falar a verdade com amor*. Para isso é necessário estar consciente de cada um dos demais traços de caráter das pessoas capazes de amar.

• *Gentileza.* Allen e Lucy, dois professores, gostavam de receber estudantes da universidade para jantar aos domingos. Assim, conheciam melhor os jovens, e estes passavam a vê-los como seus pais adotivos no campus. Mas era difícil gostar de Thomas, um estudante do segundo ano. Ele falava o tempo todo de si mesmo desde que entrava. Se alguém começava a contar uma história, Thomas interrompia porque sempre tinha uma história melhor. Não fazia perguntas, nem se interessava pelos outros.

Uma noite, Allen convidou Thomas para uma caminhada. Enquanto andavam, perguntou:

– Thomas, quer saber por que as pessoas não gostam de você?

Ficou surpreso com a resposta:

– Quero sim, mas ninguém diz.

Allen então lhe mostrou que seu modo autorreferente e egoísta o prejudicava. Sugeriu que ele fizesse um esforço para falar menos e ouvir mais. Thomas ficou calado, mas depois agradeceu a franqueza do professor e, a partir desse dia, começou a mudar de atitude.

O nosso sentimento interno e o modo como dizemos a verdade determinam a honestidade do nosso amor. Allen disse a verdade porque desejava o bem de Thomas, não por querer criticá-lo. Quando lembramos que a gentileza nos leva a priorizar o outro, usamos a honestidade para construir um relacionamento, e não para destruí-lo.

• *Paciência.* Há duas maneiras de dizer a verdade: como projéteis ou como sementes. Use a verdade como um projétil, e você matará os relacionamentos. Plante a verdade como uma semente, e ela criará raízes e crescerá, influenciando a pessoa em cujo coração foi plantada. O amor tem paciência para plantar sementes.

Em alguns relacionamentos, sobretudo no casamento, paciência pode significar revelar ao outro os seus sentimentos, embora você preferisse que ele os adivinhasse. A honestidade nos leva a negociar, em vez de impor, a falar dos problemas em busca de solução, em vez de acusar e agredir. A harmonia no relacionamento é sua principal prioridade, e você usa com gentileza a verdade para mantê-la.

• ***Capacidade de perdoar.*** O objetivo de dizer a verdade não é condenar, mas desculpar. Quando dizemos a verdade, damos ao outro a chance de explicar seus motivos, ou mesmo de fornecer para os fatos que nos magoaram uma interpretação diferente da nossa. Se a conversa é conduzida com o desejo de perdoar e restaurar o relacionamento, estamos demonstrando honestidade baseada no amor.

• ***Cortesia.*** Quando agimos com honestidade e cortesia, tratamos todos como amigos. Temos oportunidades diárias para agir assim, seja ao discutir com alguém que se ama, seja ao fazer a avaliação de um funcionário, ou a admitir nosso erro em um acidente de trânsito. Pode ser um amigo, um inimigo ou um estranho, mas o amor autêntico nos leva a ser honestos, porque essa é maneira mais cortês com que podemos tratar alguém.

• ***Humildade.*** Um jovem chamado Daniel me contou: "A coisa mais difícil que já fiz foi conversar com meu irmão quando soube que ele estava traindo a mulher. Comecei dizendo: 'Acho difícil tocar no assunto, pois eu podia estar no seu lugar. Gostaria que você fizesse o mesmo se isso acontecesse comigo. Mas amo muito você para ficar calado.' Então eu lhe contei o que sabia e insisti para que procurasse um terapeuta. Ele aceitou minha sugestão e, além de se reconciliar com a mulher, resolveu pontos de conflito no relacionamento dos dois. Estou feliz por ter tido a coragem de falar com ele de modo afetuoso."

Se Daniel tivesse abordado o irmão com um tom superior de julgamento e acusação, talvez não tivesse sido ouvido. Mas como seu gesto partia de um movimento amoroso, ele reconheceu que aquilo também poderia ter acontecido com ele. Colocou-se no lugar do irmão e usou palavras que demonstravam amor e humildade.

- *Generosidade.* A mulher que deseja falar com o marido sobre o modo como ele lida com a filha adolescente do casal pode acusá-lo usando palavras ríspidas, ou conversar com ele no tom afetuoso de quem quer contribuir para o crescimento do companheiro. A honestidade que vem do amor autêntico exige que ela ouça o marido e lhe ofereça sugestões com gentileza e respeito.

Quando imbuídos do espírito de generosidade, percebemos que nosso tempo, dinheiro e habilidades são dádivas que nos foram concedidas. Não nos agarramos a elas a ponto de mentir sobre nossa situação financeira, nem nos tornamos tão ocupados que já não temos tempo para fortalecer um relacionamento por meio de uma conversa honesta.

Como é a honestidade?

Para sermos honestos, precisamos admitir que nem sempre é fácil saber como é a honestidade no contexto do amor autêntico.

De acordo com uma pesquisa sobre o assunto, realizada pela *Reader's Digest*, 71% dos entrevistados confessaram ter mentido para amigos ou membros da família sobre a aparência deles, para não ferir-lhes os sentimentos. Além disso, 50% ficaram com dinheiro que não lhes pertencia, quando lhes cobraram a menos ou quando receberam troco a mais, enquanto 28% mentiram para o cônjuge ou companheiro para esconder um relacionamento extraconjugal.

A partir dessa pesquisa, fica evidente que a maioria muitas vezes acredita ser melhor mentir do que dizer a verdade. Talvez nem tenhamos consciência disso. Exigimos a verdade do outro, ainda que distorçamos a nossa. Por isso os pais não devem ensinar os filhos a mentir. O falso eu tende a mentir para obter benefícios pessoais.

A mesma pesquisa da *Reader's Digest* mostrou que, embora homens e mulheres mintam mais ou menos na mesma proporção, eles tendem a mentir de modos distintos. A desonestidade dos homens, em geral, se reflete em atos como tirar material da empresa ou fraudar o imposto de renda. Por outro lado, as mulheres costumam mentir para evitar conflitos: não dizem o preço real de uma mercadoria ao namorado ou ao marido e evitam ferir os sentimentos alheios quando afirmam coisas como: "Não, você não está nada gorda!"

Isso levanta questões interessantes. Existe alguma circunstância em que seja correto ser desonesto? E se mentirmos para proteger alguém? Quer tenhamos ou não consciência, nós nos fazemos essas perguntas diariamente. "É certo dizer à minha mulher que ela está bonita com essa roupa, mesmo que não esteja? Deveria contar a meu pai que o médico disse que o câncer se espalhou? Preciso contar a meu marido que beijei aquele cara na viagem de negócios, quando na verdade aquilo não representou nada?"

A melhor forma de responder a essas perguntas é se perguntar: "Minhas palavras ou ações refletem os traços dos que fazem do amor um estilo de vida? Contar a verdade demonstraria gentileza, paciência, capacidade de perdoar, cortesia, humildade e generosidade? O que poderia dizer que fosse verdadeiro e amoroso?"

HÁBITOS A ADQUIRIR

Quando você não tem certeza se deve ou não dizer algo, pergunte-se: "Minhas palavras refletem todos os traços das pessoas capazes de amar?"

Essas perguntas nos ajudam a tomar consciência do que *não é* contar a verdade. Contar a verdade não significa...

- ***Contar tudo o que sabemos.*** Contar tudo o que sabemos a respeito dos outros poderia destruir a reputação de muitas pessoas que abandonaram práticas erradas do passado e se tornaram honestas e bem-intencionadas. Aí está um traço importante das pessoas capazes de amar. O amor escolhe perdoar e se recusa a falar do que seria prejudicial à reputação de alguém.

- ***Verbalizar todas as nossas emoções.*** As emoções são a reação espontânea ao que acontece em nossa vida. Se alguém se dirige a você com grosseria, provavelmente despertará sentimentos negativos. Mas, apesar da raiva que sente, você pode escolher falar de forma serena, em busca de um entendimento. Expressar nossas emoções negativas não apenas é desnecessário, mas destrutivo. É melhor reconhecer que as emoções negativas indicam que a relação precisa de cuidado. Reaja com palavras e ações que contribuam para transformar seu amigo, cônjuge ou colega de trabalho. Quando o comportamento dele se tornar mais favorável, suas emoções negativas também se aplacarão.

- ***Inventar uma desculpa para justificar a ausência de amor.*** Quando você deixa as emoções controlarem seu comportamento e depois as expressa em nome da honestidade, você estimula mais emoções negativas na mente do outro. Essas emoções tornam-se uma barreira indicando que falta algo no relacionamento.

- ***Contar segredos para obter vantagens.*** O comprometimento com a verdade não deve de forma alguma ser usado como justificativa para revelar segredos de operações de negócios a opositores, visando a vantagens pessoais, nem para trair a confiança de um colega de trabalho para obter as boas graças do chefe. A famosa declaração de Jean Giraudoux é muito significativa: "O segredo do sucesso é a sinceridade. Se você consegue fingir ser sincero, você venceu." Giraudoux não foi o primeiro nem o único a sacrificar a verdade para alcançar sucesso pessoal.

• *Colocar a justiça em risco.* Dizer a verdade não significa fornecer informações que façam com que alguém seja tratado injustamente. Isto é bem ilustrado pelas famílias dos que esconderam cidadãos judeus em suas casas para protegê-los da deportação nazista, durante a Segunda Guerra Mundial. Oskar Schindler arriscou a vida para salvar pessoas, ainda que isso significasse omitir a verdade. Homens e mulheres íntegros farão o mesmo para proteger os perseguidos.

Por que então é importante dizer a verdade? Porque, apesar de nossa inclinação a distorcer os fatos, no fundo sabemos que a honestidade, a sinceridade e a integridade nos realizam como seres humanos. Constantemente lutamos contra nosso falso eu, mas, no íntimo, queremos ser conhecidos como pessoas que dizem a verdade. Perdemos o respeito por aqueles que optam continuamente pela mentira, assim como respeitamos os que são verdadeiros. Na nossa essência fundamental sabemos que a mentira destrói e o amor constrói.

Tornar-se uma pessoa autenticamente capaz de amar exige abandonar a prática de mentir e escolher a verdade. Apesar das tentações e dos recuos, nós nos sentimos íntegros e honestos quando dizemos a verdade.

Nos relacionamentos pessoais, a melhor forma de expressar amor é agir com integridade nas mínimas circunstâncias.

Nós nos sentimos íntegros e honestos quando dizemos a verdade

Viver com integridade significa...

• ***Admitir honestamente nossas limitações.*** Quando Carl aceitou o cargo de presidente de uma pequena fábrica de equipamentos de ginástica, sabia que enfrentaria uma situação difícil. O presidente anterior abandonara o negócio em meio a uma nuvem de controvérsias financeiras, deixando funcionários descontentes e um clima de desencanto em cada departamento da empresa. O conselho contratou Carl em razão de sua experiência em recuperar empresas, embora ele nunca tivesse trabalhado nesse tipo de indústria. Também era conhecido como um homem íntegro. Mesmo assim, pôde perceber, na primeira reunião com os empregados, que levaria tempo para conseguir recuperar a atmosfera de confiança na empresa.

"A primeira coisa que gostaria de fazer", disse à equipe, "é passar um dia em cada departamento. Tenho muito a aprender com vocês."

E assim foi. Carl percorreu as diversas seções fazendo perguntas sobre o funcionamento da empresa e os pontos fortes e fracos do produto. Tratou de todas as questões com abertura e sinceridade, revelando tranquilamente os seus limites e sua disposição de aprender. "Este não é o tipo de contrato com o qual estou acostumado", admitiu sem problemas para um gerente do segundo escalão. "Podemos examinar cada parágrafo?"

Não demorou muito para que os funcionários constatassem que ele era um homem confiável. Simplesmente admitia ainda ter muito a aprender antes de se tornar o melhor presidente possível.

Integridade significa ser quem somos, não quem queremos aparentar ser. Tentar parecer mais inteligentes, corajosos, fortes ou experientes do que de fato somos consome muita energia. Quando a integridade se torna parte e de nossas ações diárias, ficamos livres para expor limitações, sabendo que admitir vulnerabilidade é uma excelente forma de amar os outros.

• *Reconhecer a importância da verdade.* A pessoa íntegra reconhece que seu comportamento sempre tem um impacto positivo ou negativo sobre os que a cercam. As sementes plantadas acabarão por germinar e trarão uma bênção ou um prejuízo aos demais.

Quantas vezes vi um pai chorar no consultório, ao perceber que seu comportamento afetara negativamente o caráter do filho! Não determinamos o comportamento de nossos filhos, mas os influenciamos enormemente com nossos exemplos e nossa forma de viver.

Em contrapartida, a pessoa íntegra se torna um modelo a ser copiado. Lembro-me de um homem que me procurou, depois do funeral do pai, e disse: "Ao refletir sobre a vida de meu pai, percebo que ele foi um homem íntegro. Eu não sou. Em 35 anos, consegui arruinar minha vida. Preciso de mudanças radicais e peço que me ajude." A vida de uma pessoa verdadeira continua a influenciar os demais, mesmo após a sua morte.

• *Ter comportamentos, palavras, tom de voz e intenções consistentes.* A pediatra Diane Komp escreveu sobre um desenho que ganhou de uma menina de 12 anos chamada Korey, que se preparava para uma cirurgia de câncer ósseo. A menina pediu aos pais que entregassem o desenho a Diane, para que a médica o visse quando ela já estivesse na sala de cirurgia, sob efeito da anestesia.

"Quando a Dra. Komp tirar o desenho do envelope, olhe seus olhos. Ela pode dizer que gostou, mas eu quero saber o que ela realmente pensa", pediu aos pais.

O pedido de Korey perturbou Diane. "Fiquei me perguntando se Korey não confiava no que diziam os médicos, especificamente, ou em todos os adultos? Quase todo mundo espera que os lábios e os olhos digam a mesma coisa. Não é possível dizer a verdade quando nossos lábios dizem 'não' e os olhos, 'sim'."

Quando ouvimos falar da "integridade" de um empreendimento, achamos que se trata de uma iniciativa estruturalmente sólida. Quando somos íntegros, nossos olhos, voz, palavras e ações são estruturalmente sólidos: refletem todos a mesma verdade.

• *Correr riscos em nome da verdade.* Lynn começou a perceber alterações de comportamento no pai. Repetia frequentemente as mesmas histórias e se esquecia de compromissos importantes. Um dia ele foi de carro para o trabalho, mas voltou de ônibus. Lynn não sabia o que fazer. O pai sempre fora muito atento aos detalhes e se orgulhava do seu trabalho e de seus relacionamentos. Lynn odiava causar-lhe sofrimento.

Depois de alguns meses observando essas estranhas reações, Lynn achou que não estava agindo com honestidade quando inventava desculpas em nome dele para os outros e até mentia para o pai sobre coisas que ele esquecera, com o intuito de protegê-lo. Finalmente ela decidiu expor ao pai o que estava acontecendo.

Ele ouviu atentamente, depois tirou os óculos e esfregou os olhos cansados. "Lynn, estou feliz por você ter tocado no assunto. Eu não me sinto mais eu mesmo, mas ninguém parecia notar."

A honestidade de Lynn, mesmo correndo o risco de ferir o pai, o fez submeter-se a exames que confirmaram o mal de Alzheimer. O tratamento em estágio inicial permitiu que ele convivesse mais tempo com a família, antes de a saúde declinar.

Se você é uma pessoa sensível, confrontar alguém com uma dura verdade pode ser difícil. Mas é justamente por ser sensível que você é a mais indicada. Uma pessoa íntegra não gosta de contar a uma amiga que seu filho está usando drogas, nem de revelar a alguém que vem notando sinais de abuso em seu casamento. Mas quando esses alertas são feitos com a honestidade movida pelo amor, os efeitos são produtivos, ainda que a primeira reação seja de dor. A integridade nos faz assumir o risco de amar os outros contando-lhes a verdade, quando necessário.

• *Manter as promessas.* Se você se esquecer de comprar um sorvete que prometeu a uma criança, não invente desculpas do tipo "Já é muito tarde, e o sorveteiro foi para casa." Se não houver mesmo jeito, conte a verdade, peça desculpas e não deixe de dar-lhe um sorvete no dia seguinte. Quando você promete aumento a um funcionário ou um jantar de comemoração a um amigo, procure de todas as formas cumprir a promessa. Basta uma promessa não cumprida sem qualquer justificativa para alguém questionar sua integridade.

Uma pessoa íntegra

A Associação Americana de Psicologia tem uma lista de declarações que uma pessoa íntegra seria capaz de endossar:

- É mais importante eu ser quem sou do que ser popular.
- Quando se diz a verdade, as coisas dão certo.
- Eu nunca mentiria apenas para conseguir alguma coisa de alguém.
- Minha vida tem sentido porque é guiada pelo meu código de valores.
- Para mim, é importante ser aberto e honesto sobre meus sentimentos.
- Eu sempre cumpro meus compromissos, por mais que isso me custe.

Honestidade no trabalho

Estamos todos acostumados com a falta de integridade no ambiente de trabalho. Constantemente tomamos conhecimento de escândalos, corrupção e fraudes nos setores públicos. Essa total falta de integridade causa danos aos funcionários, aos investidores e à sociedade de um modo geral.

No ambiente de trabalho, todos provavelmente já convivemos com colegas que distorcem os dados nos relatórios de despesas, com funcionários que falsificam atestados médicos e com a própria empresa que atribui aos seus produtos qualidades que eles não possuem.

Na verdade, a pesquisa da *Reader's Digest* mencionada anteriormente revelou que mentir é muito comum no local de trabalho. Roubar da empresa, entretanto, parece ser mais comum do que mentir para um colega de trabalho. Enquanto apenas 13% dos entrevistados admitiram jogar a culpa de um erro num colega, 63% disseram ter inventado uma doença para faltar ao serviço. Também 91% dos homens e 61% das mulheres admitiram furtar material do escritório.

Em contrapartida, outras pesquisas mostraram que a maioria valoriza a honestidade acima de tudo nos funcionários e supervisores, e que a honestidade é "o traço mais importante desejado" num chefe. Também queremos que os outros confiem em nós.

Podemos achar que mentir sobre documentos ou material de escritório não afeta nossos relacionamentos, mas qualquer ação que foge das características do amor tem potencial para prejudicar os que nos são próximos. Se uma colega de trabalho não confia em nós para dar continuidade a um relatório, como confiará quando fizermos promessas pessoais?

O efeito nocivo das pequenas mentiras

Uma das conclusões de outra pesquisa recente sobre honestidade é o que cada pessoa considera uma "pequena mentira". Isso nos explica por que não nos damos conta do risco que corremos ao multiplicar essas pequenas mentiras.

Conheci uma executiva que costumava mentir por conveniência quando queria, por exemplo, terminar uma conversa, ou desmarcar uma reunião para a qual não se preparara. Normalmente, alegava que tinham lhe informado um horário diferente, em vez de admitir que estava atrasada, e por vezes obrigava a assistente a forjar uma ligação "urgente" que justificasse sua ausência, quando não desejava comparecer a algum evento. Quem trabalhava regularmente com ela acabava duvidando de todas as suas afirmações, a tal ponto que, quando *realmente* havia uma ligação urgente, ninguém acreditava, mas fingia acreditar. Em outras áreas, era uma pessoa agradável e respeitada. Já nem se dava conta de que mentir fazia simplesmente parte de sua vida.

Um dia ela me contou que dera uma lição à filha adolescente. Uma amiga da escola ligara, e como a menina não queria atender, pediu à mãe que dissesse que ela não estava. A mulher continuou: "Eu disse que ela não podia mentir assim para seus amigos! 'Ou atende o telefone agora ou eu vou dizer que você não quer falar.'"

Fiquei surpreso com o nível de inconsciência da mulher. Era óbvio que a menina aprendera com a mãe que a desonestidade nesse tipo de situação era natural. Percebi então que aquela mulher se habituara de tal maneira a viver no limite da verdade que já nem notava. Era capaz de ver a desonestidade do outro, mas seu desejo de proteger-se era tão forte que não tinha consciência das escolhas destrutivas que vinha fazendo. Apesar de estimada, seus funcionários não confiavam nela para tomar as melhores decisões sobre seus salários. Seus superiores a respeitavam, mas evitavam dar-lhe contratos mais importantes. E nenhum colega de trabalho falaria a ela de um assunto pessoal, pois todos sabiam que ela traía confidências.

Pequenas mentiras destroem relacionamentos. Toda vez que deparamos com uma mentira, colocamos distância entre nós e as pessoas com quem queremos nos relacionar.

Hábitos a adquirir
Habitue-se a não contar nem mesmo mentirinhas
no trabalho ou para os amigos e a família.

Conheço uma empresa de lixo que deu o nome de Reliable Circle (Círculo Confiável) à área onde se instalou. Obviamente, a intenção dos donos da empresa era afirmar: podem contar conosco. E estamos falando de um relacionamento entre uma companhia de lixo e seus clientes! Mas não é precisamente isso que pretendemos comunicar a todos com quem nos relacionamos? "Você pode confiar totalmente em minha sinceridade." Quando somos honestos nos mínimos detalhes, construímos alicerces para que floresçam relacionamentos positivos.

Como já discutimos, a honestidade deve abranger todos os traços do amor. Quando nos dispomos a amar intencionalmente, fica fácil discernir o que é verdade do que não é. *Queremos* falar e agir com sinceridade porque essa é a única maneira de construir relacionamentos. Então, os traços das pessoas capazes de amar nos ajudam a determinar como dizer a verdade no amor.

A força do hábito

Uma vez, na presença da noiva, Kelly, Derrick brincou com o fato de assistir a vídeos pornôs e ficou atônito ao constatar a expressão de tristeza no rosto dela. Não fazia ideia de que Kelly se importasse que ele, de vez em quando, visse pornografia, mas naquele dia ela deixou claro que, caso ele quisesse casar com ela, teria que abrir mão dessa prática. Derrick prometeu e pretendia cumprir a promessa. Porém, alguns meses depois de casados, voltou a dar uma espiada vez por outra, quando Kelly não estava por perto, e antes que se desse conta, viciara-se novamente em pornografia.

Uma noite estava tão entretido com os sites, que nem percebeu que a mulher havia chegado. A primeira coisa que ouviu foi o grito na porta do escritório. A discussão entrou noite adentro e terminou com Derrick prometendo, mais uma vez, abrir mão da pornografia.

Mas ele não conseguiu – ou não quis - abrir mão por muito

tempo. Tornou-se um especialista em esconder suas atividades, muitas vezes inventando desculpas para ficar até tarde no escritório. Kelly suspeitou do que estava acontecendo. Quando Derrick negou ainda estar visitando sites pornôs, a mentira magoou tanto Kelly quanto o vício do marido. O casal começou a pensar em divórcio. Depois de vários meses de tratamento, Derrick admitiu seu problema e começou a fazer progressos em eliminar de vez a pornografia de sua vida. Mas levou anos até Kelly voltar a confiar nele.

Como vimos, somos capazes de transformar ou não em hábitos as características do amor. Mentir acaba se tornando um vício. Cada mentira exige outra para encobrir a anterior. Por isso, a desonestidade se incorpora à nossa vida sem que nos demos conta disso. Tratei de um casal que, de tanto habituar-se à falsidade, passou a acreditar nas próprias mentiras. Se continuassem nesse caminho, viveriam para sempre pseudovidas.

Amamos ou deixamos de amar por hábito.

A boa notícia é que dizer a verdade também é um saudável vício. Quando nos empenhamos em cultivar a honestidade no dia a dia, as palavras desonestas que nos escapam da boca começam a nos incomodar. Deixamos de gostar delas, por ver os danos que podem causar aos relacionamentos.

Quanto mais dizemos a verdade, melhor nos sentimos. Ser autêntico é libertador, tanto em termos psicológicos quanto práticos. Quando temos certeza de que contamos a verdade, não ficamos inseguros, com medo de ser flagrados ou chamados de mentirosos.

Reconstruindo a confiança

O primeiro passo para se tornar uma pessoa íntegra e recuperar o respeito e a confiança dos outros é reconhecer o erro e confessar as mentiras do passado. A experiência me mostrou que a pessoa que escolhe admitir que errou encontrará pessoas genuinamente dispostas a perdoar. Algo na alma humana encontra satisfação ao ver alguém agindo corretamente. A coragem da confissão indica o desejo de trilhar um caminho diferente no futuro. Esse é o processo pelo qual colocamos de lado o falso eu e o substituímos pelo eu verdadeiro.

Confessar imediatamente

Em qualquer relacionamento, não é preciso ser perfeito para reconquistar a confiança do outro. Mas se você já decepcionou ou enganou alguém, procure imediatamente essa pessoa, admita a falta, peça perdão e repare o dano que possa ter causado. Caso contrário, a mentira passará a ser vista como seu padrão de comportamento e a confiança jamais será restaurada.

Assumir a responsabilidade

Dizer a verdade significa assumir a responsabilidade por nosso comportamento. Quando um supervisor pergunta: "Quem esqueceu de reservar a sala de reunião?", a pessoa honesta, se for culpada, assume a responsabilidade. Quando o amigo com quem se divide o apartamento faz uma pergunta sobre discrepâncias no orçamento doméstico, a pessoa em busca da integridade responde com a verdade. Muitos casamentos e amizades destruídos poderiam ter sido salvos se as pessoas tivessem decidido contar sempre a verdade.

Tornar-se confiável

Com frequência me perguntam no consultório: "Como conquistar a confiança de meu marido? Eu o enganei durante tanto tempo que agora ele não acredita em mim. Quero mudar meu comportamento e ele está disposto a me perdoar, mas não sei como fazê-lo voltar a confiar em mim depois de tudo o que fiz." Só existe um caminho para reconquistar a confiança. A pessoa que faltou com a verdade deve se tornar absolutamente confiável em todos os setores de sua vida. Se esse comportamento persistir durante um bom tempo, a confiança será restaurada.

Por isso, recomendo a quem foi infiel no casamento que permita ao cônjuge acesso total a seu computador, celular e gastos financeiros. A mensagem é: "Minha vida é um livro aberto. Nada tenho a esconder a partir de agora. Procurarei dizer sempre a verdade. Dou-lhe liberdade para examinar minha vida quanto quiser." Com essa atitude e o compromisso de nunca faltar à verdade, a esposa ou o marido infiel dá o primeiro passo para reconquistar a confiança de seu parceiro.

A confiança é uma planta frágil. Quando alguém a trai, é como se pisasse nela e lhe arrancasse a raiz. Dizer a verdade é a água que traz a planta de volta à vida.

Lembrando-se do verdadeiro eu

Quando pedimos desculpas, estamos dizendo: "Conheço a diferença entre o certo e o errado, e desta vez agi errado. Sei que meus atos e meu comportamento o magoaram e quero me redimir. O que posso fazer para que você me perdoe?" Quanto mais rápido e mais sincero for o pedido de desculpas, mais provável é que aquele que errou seja perdoado e consiga restaurar o relacionamento. Pessoas íntegras esforçam-se por restabelecer relacionamentos pedindo desculpas. Nosso falso eu pode exercer sua influência de vez em quando e nos levar a mentir, mas graças ao amor, pedimos desculpas, buscamos o perdão e voltamos a nos comprometer a dizer a verdade.

Opositor da honestidade: a autodefesa

Se alguém procurasse golpear seu rosto com um bastão de beisebol, seu primeiro instinto provavelmente seria cobrir a cabeça com os braços e se desviar. Da mesma forma, se alguém acusa você de colar numa prova ou esquecer uma data, seu primeiro instinto provavelmente será mentir e dizer que não fez aquilo ou que não foi sua culpa. É compreensível que nosso falso eu venha à tona quando somos acusados. Cada um de nós tem a inclinação natural de se proteger, mesmo que para isso seja preciso mentir.

Quando mentimos, esquecemos que, ao querermos nos proteger, contribuímos para destruir nossos relacionamentos. Estamos preservando as aparências, não quem realmente somos.

Decidir dizer sempre a verdade é uma das escolhas mais libertadoras a nosso alcance. Ao alimentar o hábito da honestidade, naturalmente queremos preservar nossa integridade acima de tudo, não por nos preocuparmos com as aparências, mas porque agir com integridade é uma maneira de amar ao próximo e a nós mesmos. E de nos realizarmos plenamente como seres humanos.

Como seriam seus relacionamentos se você...

- Tivesse o eu exterior em consonância com o eu interior?
- Criasse o hábito de dizer a verdade de forma amorosa?
- Parasse de contar pequenas mentiras, mesmo as que não lhe parecem importantes?
- Pedisse desculpas por seus erros, em vez de tentar escondê-los?
- Escolhesse sempre a verdade, mesmo correndo o risco de desagradar os outros?

Personalizando

Questões para discussão e reflexão

1. Cite alguns exemplos de líderes, atletas ou empresários apanhados na teia da mentira. Como essas mentiras públicas afetaram relacionamentos pessoais?
2. Você acha errado contar pequenas mentiras? Por quê?
3. Cite algumas pessoas que lhe disseram a verdade por amor, ao longo dos anos. Qual foi a sua reação?
4. Já teve ocasião de falar a verdade por amor a alguém que estava trilhando o caminho errado? Qual a consequência?
5. Pense numa mentirinha que contou recentemente. Na ocasião, você tinha consciência de estar mentindo?
6. Quando foi que lutar pela verdade lhe custou algo?

Opções práticas

1. Você mente com facilidade? Em caso afirmativo, qual o primeiro passo a ser dado para se tornar uma pessoa verdadeira?
2. Em que momentos o desejo de se proteger o torna mais propenso a distorcer a verdade? Do que precisa lembrar, nessas situações, a fim de agir com integridade?
3. Durante um dia, anote todas as mentiras e meias verdades que disser. Pergunte a si mesmo se essas declarações enganaram alguém. Se a resposta for sim, qual a primeira coisa que precisa fazer para restaurar o relacionamento?
4. Gentileza, paciência, capacidade de perdoar, cortesia, humildade e generosidade. Quais são os traços do amor que você precisa mais cultivar em suas expressões de honestidade?

PARTE 3

TORNAR O AMOR UM ESTILO DE VIDA

CAPÍTULO 9

Tornar o amor um estilo de vida no casamento

Um casamento bem-sucedido é um edifício que deve ser reconstruído a cada dia.

– ANDRÉ MAUROIS

Charlotte e John namoraram durante todo o período de pós-graduação antes de se casarem.

– Os dois primeiros anos foram um paraíso – contou Charlotte no consultório, fitando John. – Morávamos num apartamento minúsculo, cada um tinha dois empregos, o dinheiro era curto para pagar nossas contas, mas éramos felizes. Nosso grande programa era tomar café da manhã em uma lanchonete todos os sábados. Quando tínhamos uma folga, andávamos de bicicleta ou visitávamos antiquários.

"Então – continuou ela –, a mãe de John adoeceu, e um ano antes de morrer, a situação piorou. Quase todos os fins de semana, John ia visitar os pais. Um mês antes de a mãe dele morrer, descobri que estava grávida. Ficávamos irritados quando as pessoas diziam quanto nossa vida mudaria com uma criança. Mas a verdade é que tudo mudou quando Caitlin nasceu. Só conversávamos para fazer um resumo de quanto ela dormira ou comera naquele dia, antes de cairmos exaustos na cama.

"Fiquei grávida de Jackson antes do programado e precisei pedir demissão do emprego. Financeiramente não havia problema, pois John estava bem no trabalho. Mas eu não achava justo ter que abrir mão da minha carreira. As crianças agora estão na escola, eu trabalho em regime de meio expediente, mas ainda sinto que eu e John mal nos vemos. Vivo dizendo que quero fazer um programa a dois, mas é como se ele fosse surdo. Pagamos as contas, ajudamos as crianças com os deveres de casa e recebemos amigos, mas parece que somos sócios, não amantes."

Os olhos de Charlotte encheram-se de lágrimas ao pronunciar a última frase.

Eu olhei para John, que contemplava fixamente o chão.

– Como você descreveria seu relacionamento com Charlotte? – perguntei.

– Bem – respondeu John, pigarreando –, é verdade que costumávamos passar mais tempo juntos. Quase não discutíamos. Mas mesmo naquela época nada era perfeito. Estávamos sempre preocupados com o pagamento do aluguel. Eu temia perder o emprego e por isso trabalhava muito. Nossa única diversão era o café da manhã aos sábados, mas agora temos uma bela casa, dois carros e as crianças. Do jeito como ela fala, é como se nem amássemos nossos filhos.

– Você sabe que eu não quis dizer isso – interrompeu Charlotte, categoricamente.

– Não me interrompa – disse John, antes de se voltar para mim. – Foi ela quem propôs sair do emprego depois do nascimento de Jackson. Desejei muitas vezes tirar um cochilo à tarde em vez de trabalhar dez horas por dia e, ao voltar para casa, ainda ter que trocar fraldas. Agora, estamos tentando fazer as coisas funcionarem com dois salários. Outro dia, precisei sair do escritório para pegar as crianças na escola, porque Charlotte tinha uma reunião. Ela disse que chegaria em casa na hora do jantar, mas acabou decidindo sair com as amigas depois da reunião. Ligou por volta das sete da noite para me avisar. Acabei dando comida às crianças e colocando-as na cama, e ela só foi aparecer às 21 horas, como se fosse normal. Eu tinha uma reunião importante no dia seguinte e precisava me preparar. Não planejara abrir mão de seis horas de trabalho só porque ela decidiu se divertir. – John hesitou. – De qualquer jeito, sou eu que ganho mais.

– Eu *telefonei* – disse Charlotte, fitando o marido. – Liguei quando as crianças chegaram em casa da escola, para me certificar de que as coisas estavam em ordem. Você disse que estava tudo bem e que eu não precisava correr. Foi o que fiz. Por acaso, alguma vez lhe ocorreu que eu também estou trazendo dinheiro para casa? Organizo minha rotina diária em função das crianças. De vez em quando, gosto de ter uma folga para sair com minhas amigas.

– Achei que já estava a caminho de casa quando telefonou. Eu disse que você podia vir com calma.

John olhou para mim e continuou:

– Estou com a sensação de que mal consigo administrar minha vida do jeito como ela está. E gostaria que Charlotte tentasse cuidar melhor da casa. Não posso resolver tudo sozinho. Não sei quando ela vai se dar conta disso.

– Estamos aqui – disse Charlotte – porque estou cansada de viver assim. Tenho a sensação de que vivemos discutindo. Sinto que John está sempre irritado comigo e que estou sempre sozinha. Honestamente, não sei se vamos conseguir continuar juntos.

Então os dois me olharam com a pergunta nos olhos que muitas vezes presenciei em meu consultório: *O senhor pode fazer com que voltemos a nos amar?*

Apaixonar-se e cair na realidade

Ao longo dos anos, passei horas e horas ouvindo casais expressarem suas dificuldades. Invariavelmente, um culpa o outro pelo relacionamento insatisfatório. Todo ser humano deseja desesperadamente ser amado pelo cônjuge, mas espera que o outro tome a iniciativa. Bem antes de me procurarem, já se queixaram e se acusaram inúmeras vezes. As queixas são acompanhadas de condenação, pois cada um acredita que o outro não está sendo justo. Ela argumenta: "Se ele se lembrasse de que prometeu me 'amar e respeitar até que a morte nos separe!'" Raramente ela se dá conta de que ele tem os mesmos pensamentos e sentimentos a seu respeito. A impressionante taxa de divórcios nos Estados Unidos evidencia que milhares de pessoas jamais conseguem se libertar desse pensamento viciado.

Esses casais vivem com base em suposições erradas. Como vimos nos capítulos anteriores, o amor não é um sentimento que escapa ao nosso controle. Muitos casais se lembram dos sentimentos eufóricos do período de namoro, quando sonhavam em passar juntos cada minuto de suas vidas. Mas, em algum momento depois do casamento, as emoções diminuem de intensidade. As diferenças entre os dois começam a incomodar, e o casal se surpreende discutindo. Discussões levam a palavras hostis que, por sua vez, levam a sentimentos negativos. Aos poucos, cada um desperta o que há de pior no outro. Some-se a isto o estresse profissional e o da criação dos filhos para que o divórcio comece a parecer a única opção para obter uma vida melhor.

Quando me lembro da minha própria história, percebo que, ao me casar, eu estava apaixonado, mas não tinha ideia do que fosse o verdadeiro amor. A paixão provoca uma exaltação que nos faz ver apenas o melhor no outro e estimula o melhor em nós. Fazemos e dizemos coisas com a maior generosidade, damos presentes acima de nossas posses, fazemos promessas impossíveis de serem mantidas, e tudo isso nos leva a acreditar que amamos de verdade.

Os cientistas sociais afirmam que a vida média da paixão é de dois anos. Depois, a exaltação alucinada passa, a euforia se esvai e nos vemos em face de uma dura realidade. Somos pessoas muito diferentes, produto de histórias diferentes, e precisamos harmonizar essas diferenças. Descobrimos a impossibilidade de cumprir as promessas feitas com tanta ingenuidade e nos surpreendemos ao constatar que a euforia foi substituída por mágoa, raiva, decepção e medo.

A vida média da paixão é de dois anos.

Compreender a verdade sobre o amor é a única maneira de possibilitar um relacionamento amoroso duradouro. O amor é uma atitude que leva à mudança de comportamento. O amor visa ao bem-estar do outro e encontra formas significativas de se expressar. Essas expressões de amor despertam no outro sentimentos afetuosos. Quando nosso cônjuge retribui, nosso afeto por ele cresce. *As emoções são resultado do amor.* Não são o amor em si.

Eu sei amar?

Numa escala de 0 a 10, sendo 10 o mais positivo, classifique suas demonstrações das seguintes características do amor em seu casamento (ou relacionamento) nos últimos sete dias. Mantenha seus pontos fortes e fracos em mente, ao ler o resto do capítulo.

_____ Gentileza
_____ Paciência
_____ Capacidade de perdoar
_____ Cortesia
_____ Humildade
_____ Generosidade
_____ Honestidade

Quando o amor é um estilo de vida

Quando o amor se torna um estilo de vida no casamento, as sete características do amor discutidas neste livro fluem naturalmente entre marido e mulher. Vamos verificar como poderia ser o casamento de Charlotte e John se o amor se tornasse um estilo de vida para eles.

Gentileza

Cada traço das pessoas capazes de amar é importante no casamento, mas se eu pudesse privilegiar apenas um, seria a gentileza. Priorizar seu cônjuge é fundamental para que o casamento funcione.

Logo ficou claro em minha conversa com John e Charlotte que eles tinham deixado de ser gentis um com o outro. Talvez um ou ambos tenham tentado, quando as crianças eram pequenas, mas sentiram-se desencorajados diante da falta de reciprocidade. Talvez tenham chegado à conclusão de que nada mais faria diferença e então desistiram.

Não é exagero afirmar que pequenas gentilezas na vida diária podem salvar um casamento. A gentileza demonstra que valorizamos o outro. Reconhecemos suas necessidades e queremos atendê-las com afeto. Isso significa tomar consciência das várias formas como cada um manifesta o amor. John demonstrava amor trazendo um bom salário para o sustento da família, mas Charlotte desconhecia esse fato e queria que ele demonstrasse amor levando-a para sair. Se John desse importância à gentileza e ficasse atento às necessidades da mulher, levaria Charlotte para sair. E ela, no desejo de ser gentil, valorizaria o gesto do marido e o fato de ele trazer conforto para a família com seu trabalho.

Igualmente, a gentileza faria Charlotte abrir mão do tempo passado com as amigas, assim como John sacrificara o tempo de trabalho aquele dia. A gentileza a faria agradecer, reconhecendo o esforço de John com as crianças.

Quando o amor se torna um estilo de vida no casamento, alguém cozinha, lava a louça, passa o aspirador de pó no tapete, lava os banheiros, leva o cachorro para passear, cuida do jardim, paga as contas e veste as crianças – tudo com uma atitude positiva. Pode não verbalizar, mas a atitude diz: "Tenho prazer em cozinhar para você" e "Fico feliz em contribuir com você jogando o lixo fora".

Charlotte e John estavam prontos para o ataque. O orgulho não os deixava fazer um gesto que pudesse gerar no outro uma atitude amorosa. Em casamentos marcados pela gentileza, os cônjuges se falam com respeito. Expressam a mágoa ou a raiva que estão sentindo, mas há nas palavras o reconhecimento do valor do outro.

Quanto mais praticamos a gentileza, mais a recebemos de volta. E o interessante é que quanto mais somos gentis com uma pessoa, mais afeto sentimos por ela.

Paciência

Quanto mais conversávamos, mais eu percebia que tanto Charlotte quando John achavam que estavam demonstrando extrema paciência em seu relacionamento. Charlotte tinha esperado pacientemente até retomar a carreira, depois do nascimento dos filhos. Pacientemente colocara os filhos para dormir quase todas as noites. John acreditava demonstrar paciência sempre que a ajudava com as crianças, quando na verdade queria trabalhar ou ver TV, no final do dia. Achava-se paciente com o que interpretava como a dificuldade de Charlotte em manter a casa em ordem.

Todos os relacionamentos matrimoniais envolvem várias esperas, desde esperar anos até o cônjuge desenvolver certo traço de caráter, até meia hora enquanto ela experimenta roupas numa loja. Mas esperar não é o mesmo que ter uma atitude paciente. Quando o amor se transforma em estilo de vida no casamento, um dos cônjuges não anda de um lado para o outro irritado, dizendo: "Não sei por que você demora tanto para se aprontar." Com paciência pode se *solicitar* mudança, mas nunca se *exige* mudança. Caso esta não ocorra, a paciência aceita as imperfeições do cônjuge.

Um marido me disse: "Gostaria que minha mulher fechasse as gavetas da cômoda depois de pegar o que precisa. Mas depois de dois anos, finalmente me dei conta de que ela não possui o gene responsável por fazê-la fechar gavetas. Depois disso, aceitei que fechar gavetas era responsabilidade minha." Que contraste com a atitude de John e Charlotte! "A casa (ou as crianças ou o trabalho) é responsabilidade dele/dela. Se eu faço, estou cedendo, e fico por baixo."

A paciência é tolerante com as imperfeições dos outros. É compreensível que John tenha se zangado ou se preocupado quando Charlotte não chegou em casa no horário combinado. Uma atitude paciente o levaria a ouvir a explicação de Charlotte e se mostrar aberto a acolher seus motivos. A paciência não cria desculpas para o outro, mas nos lembra que é um absurdo esperar a perfeição.

Charlotte e John podem fazer mudanças positivas no modo como se relacionam e dar uma virada na sua relação. O casamento é um constante processo de crescimento. Em todos os casais, cada um tem traços comportamentais que irritam o outro e provocam eventuais agressões. A paciência implica a capacidade de suportar a frustração e solicita mudança. Quando um cônjuge tem dificuldade em mudar, o cônjuge amoroso aprende a relevar, em vez de condenar. Temos esperança e desejamos que o outro mude, mas nosso amor não depende dessa mudança.

O amor não depende do fato de nosso cônjuge mudar para melhor.

Capacidade de perdoar

Se o amor fosse um estilo de vida no casamento de John e Charlotte, ela logo pediria desculpas por ter ficado fora mais tempo do que pretendia. John as aceitaria e não voltaria a tocar no assunto. O amor verdadeiro também ajudaria John a reconhecer sua parcela de responsabilidade na situação. Na verdade, era a primeira vez, naquele ano letivo, que ele buscava as crianças na escola e cuidava delas, e, assim mesmo, de má vontade. Um espírito de perdão e admissão de culpa permitiria a John ver que o seu egoísmo contribuíra para a desesperada necessidade de Charlotte relaxar com as amigas.

Ficou óbvio para mim que o incidente descrito por John fazia parte de uma série, ao longo dos anos, em que um dos dois se sentia prejudicado. Tanto John quanto Charlotte falavam com ressentimento do estresse no casamento, das horas no trabalho e até da atitude do outro em relação aos filhos.

Se o amor se tornasse um estilo de vida no casamento dos dois, esse casal não permitiria que a amargura crescesse entre eles. Ainda se ofenderiam, vez por outra, intencionalmente ou não. Mas o agressor pediria rapidamente desculpas, e o ofendido estaria pronto a perdoar, lembrando-se da impossibilidade de construir relacionamentos positivos e duradouros sem pedidos de desculpas e perdão.

Cortesia

Em nossa cultura, geralmente não pensamos na cortesia como parte do relacionamento conjugal. Custa segurar a porta ou pegar um copo de água para uma pessoa com quem estabelecemos um compromisso para toda a vida? Como a cortesia significa reconhecer o potencial de alguém como amigo, quando somos corteses com nossa mulher, estamos comunicando nossa intenção de manter a amizade com ela. Isso é importante, porque um dos segredos de um casamento feliz não é apenas amar o outro, mas *gostar* do outro. Os casais mais felizes são bons amigos, não apenas pessoas que dormem juntas ou dividem a casa.

Na verdade, a falta de cortesia no casamento é um dos sinais de que o amor não é um estilo de vida para um casal. Imediatamente percebi isso em John e Charlotte. Eles chegaram ao consultório com um ar de raiva, um espírito de "cada um por si". Durante nossa conversa, interrompiam um ao outro, falavam rispidamente entre si, acusavam-se e raramente faziam contato visual.

A história que me contaram refletiu a deterioração da cortesia no casamento. Charlotte deveria, num gesto cortês, ter ligado para John antes de sair com as amigas. Ela poderia ter agradecido por ele ter buscado as crianças no colégio. Era o que teria feito se uma vizinha as pegasse. Mas, ao contrário, ela fez suposições baseadas nas palavras dele, quase como se quisesse intencionalmente irritá-lo, em vez de esforçar-se para ser clara, numa tentativa de manter o relacionamento.

Se John estivesse fazendo um favor a um amigo, cuidaria das crianças com uma atitude mais positiva. Lembra dos cafés da manhã que tomavam na lanchonete? Sua má vontade atual em reconhecer algumas das necessidades mais básicas da mulher provavelmente teve início ao negligenciar-lhe as pequenas necessidades.

Quando o amor se torna um estilo de vida no casamento, marido e mulher fazem perguntas para se certificar de que entenderam o que o outro disse. Gritar nunca será uma forma de comunicação para eles. Se o marido percebe que a mulher gosta que ele abra a porta do carro para ela, ele o faz. Por outro lado, se descobre que isso não faz parte de seus desejos, não impõe seu conceito de cortesia. Normalmente, quando os casais são corteses, nós ouvimos um deles fazendo comentários positivos sobre o cônjuge, em público. Agradecem quando o outro faz pequenas tarefas. Seja qual for a cortesia valorizada pelo casal, ela será evidenciada em seu comportamento diário.

Assim como rachaduras numa barragem indicam o potencial de problemas mais graves, abrir mão da cortesia no casamento indica um problema sério: *não valorizar o outro.* As consequências de esquecer pequenos gestos de amor demonstram a importância deles.

As consequências de esquecer pequenos gestos de amor demonstram a importância deles.

Humildade

Quando se casaram, provavelmente tanto John quanto Charlotte fizeram sacrifícios em prol dos dois. Viviam com pouco dinheiro para que cada um pudesse seguir uma determinada carreira. Aceitavam empregos extras para que o outro não precisasse trabalhar mais horas do que o necessário. Visitavam as respectivas famílias mesmo quando preferiam fazer um programa diferente. Cada um deles fez isso porque valorizava o cônjuge. Estavam tão seguros do amor recíproco que se dispunham a ceder a vez em benefício do outro. Agora se sentam em meu consultório sem querer ao menos limpar a casa para o outro. O que aconteceu?

Quando Charlotte me contou que não sabia o motivo de ter sido obrigada a deixar a carreira em compasso de espera, e John contrapôs dizendo que na época ela parecia contente com a decisão, acreditei nos dois. Charlotte provavelmente colocou-se em segundo plano para John poder se dedicar à carreira. Entretanto ela provavelmente esperava que ele reconhecesse seu sacrifício. Quando não recebeu elogios, o ressentimento cresceu. Ressentimento também pode crescer de forma retrospectiva: Charlotte pode ter agido de forma submissa no início do casamento por julgar que seria bom para a relação do casal, e agora se questiona se valeu a pena.

Definimos *humildade* como "uma tranquilidade interna que permite que você se coloque em segundo plano para afirmar o valor do outro". Quando valorizamos verdadeiramente nosso parceiro, um de nossos maiores desejos é vê-lo obter sucesso na vida. Um espírito humilde leva paz ao coração, pois não consideramos que o sucesso "dele" prejudique o "nosso" sucesso.

É verdade que colocar em primeiro lugar a carreira do marido, deixar a mulher contar uma história fantástica para um grupo, quando você é quem queria contá-la, ou encorajar o cônjuge a dar uma palestra fora da cidade pode afetar seu sucesso. Mas lembre-se que o amor autêntico muda o significado da palavra *sucesso*. O verdadeiro sucesso vem do desejo de confirmar o valor dos outros e, assim, fortalecer os relacionamentos – mesmo correndo o risco de se sacrificar.

Generosidade

– Quais são as atitudes que você gostaria que John tomasse no momento? – perguntei a Charlotte.

– Gostaria que ele me beijasse ao chegar em casa. Gostaria de conversar um pouco antes de dormir – sobre qualquer coisa que não fosse as crianças. Gostaria que ele tomasse a iniciativa de chamar uma baby-sitter, de vez em quando, para podermos jantar fora.

Perguntei a John o que ele esperava de Charlotte.

– Gostaria que ela reconhecesse o esforço que estou fazendo por nossa família. Gostaria que me desse algum espaço nos fins de semana, só o suficiente para que eu possa ser eu mesmo. Gostaria que limpasse a cozinha com mais frequência, em vez de sempre esperar que eu o faça. E gostaria que parasse de falar sobre tudo o que está errado em nosso casamento, como se eu fosse o único culpado.

O que Charlotte mais queria de John era tempo. Ele achava que estava doando generosamente o seu tempo, devotando-se ao trabalho o dia inteiro e ajudando-a nas tarefas domésticas. Charlotte tinha dificuldade em reconhecer o amor do marido, porque queria que ele se sentasse e conversasse com ela. John considerava isso um sacrifício ainda maior, pois implicava deixar outras tarefas incompletas.

Por outro lado, John achava que tinha sido enganado. No início do casamento, Charlotte sempre ajudava em casa e parecia satisfeita quando o marido conseguia uma promoção ou um aumento. Agora, parecia que tudo o que ela fizera por ele fora com ressentimento.

Quando o amor se torna um estilo de vida no casamento, tanto o marido quanto a mulher procuram meios de tornar a vida do cônjuge melhor. Primeiro, dedicam tempo ao outro. Talvez, ao se casar, John não considerasse um ato de amor ficar 20 minutos no sofá ao lado de Charlotte, olhando-se, ouvindo um ao outro e interagindo. Mas, ao descobrir como isso era importante para a mulher, o amor autêntico iria levá-lo a agir assim.

Os casais amorosos também compartilham habilidades. Cozinhar, consertar o liquidificador, ensinar novos procedimentos no computador são habilidades que podem ser usadas como expressões de amor.

Num casamento calcado no amor, a atitude de doação também influencia o modo como o casal lida com o dinheiro. Discutirão abertamente suas finanças e tomarão decisões juntos, respeitando-se e valorizando-se. O dinheiro não será visto como "o meu dinheiro" e "o seu dinheiro", mas "o nosso dinheiro". Ao contrário de Charlotte e John, que competiam para ver quem se sacrificava mais para ganhar mais dinheiro, um casal verdadeiramente amoroso se considera uma equipe. Se um dos dois ganha mais, não importa, porque o casal está trabalhando em conjunto para o conforto da família, e tudo o que recebem é resultado do esforço de ambos.

Uma coisa sobre a qual John e Charlotte raramente falavam, quando comecei a conhecê-los melhor, era em doar-se para pessoas fora da família. A generosidade é um movimento que se expressa dentro e fora da família. Ser generoso com os outros ajuda-nos a ver a dimensão real de nossos problemas. John e Charlotte se tornaram tão autocentrados que sua maior prioridade, além de cuidar dos filhos, era obter o que cada um queria.

Honestidade

Quando o amor se torna um estilo de vida no casamento, nenhum dos dois permite que o ressentimento invada a relação. O amor diz: "Talvez eu esteja errado, mas acho... Vamos encontrar um modo melhor de resolver isso?" Repito, o amor não faz exigências, mas procura um caminho em que ambos se sintam respeitados como pessoas.

Charlotte e John perderam muitas oportunidades de serem honestos um com o outro. Se Charlotte tivesse conversado com John sobre sua necessidade de obter reconhecimento quando deixou o emprego, seu ressentimento talvez não tivesse aumentado ao longo do tempo. Em vez disso, esperou, durante anos, que ele "adivinhasse".

John nunca contou a Charlotte o estresse experimentado no trabalho. Achava que se sentiria envergonhado se ela soubesse que ele temia não ir bem na carreira. A relutância em compartilhar pensamentos e sentimentos também se refletia em outras áreas da vida. Por exemplo, quando Charlotte telefonou antes do jantar, naquela noite, ele podia ter dito, com gentileza e sinceridade, que tinha um trabalho a fazer e estava preocupado por ela não chegar em casa a tempo de ajudar as crianças com os deveres de casa.

A necessidade de esclarecer detalhes e sentimentos com o cônjuge não é sinal de fracasso do casamento. Os casais mais amorosos que conheço sabem que ninguém é capaz de ler a mente do outro. Como um amigo me disse recentemente: "Eu gosto quando minha mulher me diz o que sente. Não preciso me preocupar achando que ela está de cara fechada remoendo algum ressentimento." No decorrer dos anos, o ressentimento pode causar graves danos ao casamento. A autenticidade nos faz dizer a verdade, movidos pelo desejo de construir uma relação de amor.

Pequenos gestos de desonestidade ou a supressão de informações produzem não apenas ressentimento, mas mentiras deslavadas. John e Charlotte deram um passo importante ao reconhecerem que precisavam de ajuda para salvar seu casamento. Essa atitude os impediu de criar o destrutivo hábito do rancor e da mentira.

Satisfação verdadeira

Sem os sete traços das pessoas capazes de amar, nossa natureza egoísta terá prioridade, ao terminar a excitação do namoro. Quando aprendemos a amar autenticamente, temos a oportunidade de experimentar um aprofundamento na relação bem mais satisfatório do que qualquer euforia temporária.

Eu acredito que o casamento foi destinado a dar a maridos e mulheres a oportunidade de servir um ao outro com expressões de amor significativas, com liberdade para cada um desenvolver seus interesses e habilidades de forma independente. Quando nos sentimos seguros do amor do outro, podemos servir ao próximo com alegria e liberdade.

O casamento nunca foi destinado à infelicidade das pessoas, e sim a funcionar como instituição de amor, serviço e grande realização. Quando o amor se torna um estilo de vida, o casamento realiza seu mais alto potencial.

Personalizando

Para reflexão pessoal

1. Pense numa discussão recente com seu cônjuge. Sua reação inicial foi culpá-lo pelo desentendimento? Em caso positivo, como demonstrou isso?

2. Pense numa época em que demonstrou amor a seu cônjuge, mesmo que ele não tenha retribuído. Como você lidou com a falta de retorno?
3. Quais características do amor surgem com menos naturalidade em seu casamento? O que poderia fazer, esta semana, para demonstrar as características do amor ao seu cônjuge?

Para discussão entre os casais

1. Como vocês classificariam o nível de sacrifício em seu relacionamento?
2. Se vocês pudessem mudar uma coisa no modo como se relacionam, o que seria?
3. A maioria dos casais diz que discute sempre sobre o mesmo assunto. Pense em algum frequente motivo de discussão ou numa briga recente – mesmo sobre coisas aparentemente "sem importância". O que teria acontecido se um de vocês reagisse com cada um dos sete traços do amor na ocasião? Examine cada um desses traços, como fizemos com John e Charlotte, e veja como mudar seu comportamento no futuro a partir dessas características.

Capítulo 10

Tornar o amor um estilo de vida com seus filhos

Seja o que for que deseje que seus filhos se tornem, esforce-se por dar o exemplo com suas vidas e conversas.

– Lydia H. Sigourney

Jonathan e Erika, casados há dois anos, estão em meu consultório. Eu os conhecia superficialmente e, ao ver os nomes em minha agenda, o primeiro pensamento foi: "Ah, não. Espero que não estejam enfrentando problemas conjugais." Fiquei agradavelmente surpreso quando Jonathan disse: "Acabamos de descobrir que Erika está grávida e nos demos conta de que não sabemos nada sobre educação dos filhos. Nós dois crescemos em famílias bem problemáticas e não queremos que nosso filho cresça num lar como os nossos. Pensamos então que o senhor poderia nos dar alguma orientação para aprendermos a ser bons pais."

Felicitei o casal por tentar aprender algo antes de o bebê chegar. Em seguida, disse:

– A coisa mais importante que os pais podem fazer pelos filhos é amá-los e ensiná-los a amar os outros. Se uma criança se sente amada, ela se sentirá segura e emocionalmente aberta para aprender com os pais. Se ela não se sente amada, resistirá ao ensinamento e à disciplina.

– Acho que sabemos disso – falou Jonathan – pois nenhum de nós recebeu muito amor de nossos pais. Meu pai abandonou minha mãe quando eu tinha 5 anos. Ainda me dói pensar a respeito. O pai de Erika nunca abandonou a família, mas era muito grosseiro com a mulher e vivia criticando-a. Talvez por isso estejamos tão preocupados. Não queremos que nossos filhos cresçam com a sensação que temos em relação a nossos pais.

– Tenho certeza de que vocês são capazes de romper esse padrão – eu disse. – O primeiro passo é ter certeza de que vocês dois se amam.

Durante o resto da conversa, concentrei-me no amor aos filhos, pois acredito que esse é o fundamento essencial do cuidado com a prole.

É inevitável que todo pai e toda mãe, num determinado momento, pense: "Eu queria viajar (ou aceitar esse emprego, ou fazer mais programas fora de casa...), mas não posso porque agora tenho um filho." Esses pensamentos são naturais, mas quando permitimos que essa atitude autocentrada sobrepuje uma atitude amorosa, nosso filho perceberá. Por outro lado, quando temos interesse em construir relacionamentos felizes em casa, a criança torna-se a maior beneficiária desse amor.

Se você tem filhos, sabe que muitas vezes o trabalho com eles traz à tona nossa natureza egoísta. Mas também desperta, da forma mais intensa e profunda, o amor autêntico e leva a um dos mais gratificantes relacionamentos de nossas vidas.

Amar seus filhos com os sete traços do amor é fundamental para a felicidade da prole.

Quais são as qualidades que exerço com meus filhos?

Numa escala de 0 a 10, sendo 10 o mais positivo, classifique suas demonstrações das seguintes características do amor a seus filhos nos últimos sete dias. Mantenha seus pontos fortes e fracos em mente, ao ler o resto do capítulo.

_____ Gentileza
_____ Paciência
_____ Capacidade de perdoar
_____ Cortesia
_____ Humildade
_____ Generosidade
_____ Honestidade

Uma história musical

A história de Julie, uma jovem mãe, fornece uma excelente forma de examinar os traços do amor pelas lentes da maternidade. Ela comentou sobre um incidente recente com o filho de 7 anos.

Durante semanas, Caleb, filho de Julie e aluno do terceiro ano, falou sobre a apresentação de música. Estava animado, pois tocaria tambor na parte final. Quando foi se aproximando a tarde da apresentação, Julie percebeu que não ia poder sair do trabalho naquele dia. Explicou a Caleb que assistiria ao ensaio e que o pai iria à apresentação no dia seguinte. Caleb pareceu aceitar o plano sem problemas.

No dia do ensaio, Julie observou que a professora de música, Sra. Horner, perdera o controle da turma. Os instrumentos entravam na hora errada, as crianças desafinavam e o barulho dos risos e conversas aumentava cada vez mais. Julie percebeu a frustração da Sra. Horner. Também notou que Caleb, um menino muito sensível, mal continha sua frustração diante do caos na sala e da raiva na voz da professora.

– Quero que todos se sentem imediatamente! – berrou a Sra. Horner em meio à bagunça.

Caleb saiu correndo do ginásio. Julie o seguiu. Encontrou-o chorando perto do bebedouro. Ajoelhou-se, para que seus olhos ficassem na mesma altura dos olhos do filho, e disse:

– Estava a maior confusão lá dentro, não estava?

– Eu odeio a Sra. Horner! Odeio os tambores! Odeio que gritem comigo! Não vou voltar! – ele berrou, chorando de raiva.

Julie assustou-se com o tom de voz de Caleb e precisou se conter para não dizer que ele estava exagerando. Teve vontade de levá-lo de volta para casa, onde se sentiria seguro. *Por nossa culpa ele é tão sensível. Eu deveria tê-lo preparado para esse tipo de situação*, pensou.

Em vez disso, falou suavemente:

– Caleb, compreendo o motivo da sua chateação, mas não quero que você grite desse jeito.

Julie passou vários minutos conversando com o filho sobre o que estava acontecendo no ginásio e explicando que as outras pessoas também deviam estar frustradas.

– Precisamos voltar. A Sra. Horner deu um duro danado e vocês podem se sair muito bem.

Finalmente, Julie conseguiu levar o filho choroso de volta ao ginásio, sob os olhares curiosos dos professores e de vários outros pais. Pensou nas várias desculpas que poderia dar para justificar a atitude de Caleb, mas ficou em silêncio e encorajou o menino a ir ocupar uma das cadeiras ao lado dos outros membros do grupo.

Caleb passou bem o dia, mas de noite voltou a rebelar-se.

– Amanhã eu *não* vou! – gritou, atirando uma bola contra a parede.

Julie percebeu que estava diante de novo desafio. Sentou-se no chão do quarto e esperou até o filho acabar de expressar sua frustração.

– Hoje foi um dia difícil, mas tenho certeza de que você vai conseguir, Caleb. Você tocou tão bem o tambor! Acho que vai ficar muito mais satisfeito se for.

– Mas eu não quero mais ir. E você nem vai estar lá. Você sempre me obriga a fazer o que eu não quero! – Fez uma pausa e fitou a mãe antes de acrescentar: – Eu odeio você!

– Fico triste que você pense assim – disse Julie, tentando manter a calma – e não gosto que fale comigo desse jeito, porque eu gosto muito de você. Quero que você peça desculpas antes de continuarmos a conversa.

Caleb pareceu surpreso com a própria explosão.

– Desculpa – resmungou. Quando Julie ficou quieta, ele ergueu o rosto e disse com mais clareza: – Desculpa.

– Que bom, meu amor. Eu ia contar para você que amanhã eu vou assistir à apresentação. Falei para o meu chefe que eu precisava faltar à reunião. Mas acho importante você participar. A Sra. Horner se esforçou muito e vai ficar feliz.

Caleb olhou para a mãe, desconfiado. Depois de mais alguns minutos de discussão, concordou em participar da apresentação, no dia seguinte.

– Fico muito contente com isso, mas preciso conversar sobre outro assunto – disse a mãe com firmeza e suavidade, antes de sair do quarto. – Se você fizer outra cena ou se comportar mal amanhã, eu não deixo você usar o computador durante uma semana. Entendeu?

Caleb assentiu com a cabeça.

Julie suspirou aliviada quando o filho se arrumou para a escola na manhã seguinte. Estava carrancudo, mas não reclamou. Quando ele acenou para os pais na apresentação, encheu-se de alegria. O rosto de Caleb irradiava orgulho e satisfação por estar dando o melhor de si.

Gentileza

Examinemos as qualidades do amor discutidas neste livro para ver como Julie demonstrou esse sentimento, na sua condição de mãe. Em primeiro lugar, falou gentilmente com Caleb, mesmo quando o filho expressava aos gritos seu nível de frustração. Quando alguém grita, nosso instinto é gritar de volta. Uma coisa simples que podemos fazer no dia a dia é falar com os filhos em voz baixa. Gritar com uma criança só é permitido se ela correr na frente de um carro. Mas pais amorosos devem se esforçar para não adotar o grito como padrão de conduta. É fácil torná-lo um hábito, mas gritar cria ressentimento no coração das crianças e faz delas pessoas intimidadas ou agressivas.

Julie também demonstrou gentileza acolhendo os sentimentos de Caleb. Ela não lhe disse: "Comporte-se ou vai ficar de castigo!" Reconheceu suas necessidades mais profundas e o respeitou, conversando com ele. Também serviu de modelo de gentileza ao falar bem da Sra. Horner, embora a situação fosse, em grande parte, resultado da impaciência da professora.

Se quisermos que nossos filhos tratem os outros com gentileza, precisamos dar o exemplo. O pai que faz algo tão simples e gentil quanto ajudar a filha a colocar o casaco, está lhe ensinando a ajudar os outros. Tratamento rude e palavras mordazes aniquilam o espírito de uma criança, enquanto o toque suave e as palavras gentis o enriquecem.

Paciência

A paciência é a principal virtude dos pais. Seja ao esperar a menininha de 2 anos colocar as meias sozinha, ou tentar um diálogo com a de 17 que anda de cara fechada há dias, a tarefa dos pais nos faz tomar consciência que, assim como nós, nossos filhos estão em processo.

Muitos pais acham mais fácil exercer a paciência quando o filho é pequeno. Quando está começando a andar, por exemplo, nos afastamos cerca de um metro e dizemos: "Vem. Você consegue. Vem." A criança dá meio passo e cai. O que fazemos? Não dizemos: "Sua idiota. Não consegue andar?" e sim: "Isso! Muito bem!" E o que acontece a seguir? A criança se levanta e tenta de novo.

Quando os filhos atingem a idade de Caleb, com frequência nos esquecemos do poder da paciência. Tal como ele, nossos filhos lidam constantemente com os mesmos problemas. O aprendizado é um processo lento que exige que se repitam muitas vezes as mesmas coisas.

A paciência para com os filhos demanda tempo. Atribuímos responsabilidades, elogiamos a criança pelo esforço feito e lhe ensinamos como atingir o próximo estágio de maturidade. Julie mostrou isso ao estimular Caleb a manter o compromisso assumido, ao reconhecer seus esforços e ao encorajá-lo a desempenhar uma tarefa que para ele era difícil. Também acolheu os sentimentos expressos pelo menino.

As crianças aprendem pouco a pouco que o bom comportamento traz benefícios e o mau torna a vida mais difícil. Os pais manifestam seu amor sendo pacientes durante o processo de aprendizagem dos filhos.

Capacidade de perdoar

Caleb constrangeu Julie na frente dos outros pais, gritou com ela e disse que a odiava. Julie admitiu que estava magoada, mas demonstrou disposição para perdoar o filho. Depois, pediu que ele se desculpasse. Quando Caleb o fez, aceitou o pedido de desculpas carinhosamente.

Perdoar não significa deixar de disciplinar um filho. A criança deve aprender que o mau comportamento causa efeito negativo. O perdão permite ao relacionamento ter continuidade e crescer no futuro.

Para pais amorosos, o perdão é uma rua de mão dupla. Perdoamos nosso filho quando ele pede desculpas e pedimos desculpas quando tratamos a criança injustamente. Alguns pais relutam em se desculpar, temendo perder o respeito do filho. O oposto é verdadeiro. Uma criança respeita mais um pai quando ele se desculpa e aprenderá com o exemplo que todos os relacionamentos exigem desculpas e perdão para crescer.

Cortesia

Julie teve pequenos gestos de cortesia pedindo “por favor” e agradecendo, mesmo nos momentos de maior tensão. E sobretudo demonstrou consideração pelo filho ao respeitar-lhe o temperamento sensível.

Crianças aprendem os pequenos gestos de cortesia com os pais. Pais amorosos tratam os filhos com o mesmo respeito demonstrado a um amigo. Julie nunca comprometeu sua autoridade com Caleb, mas valorizou o filho ao reconhecer que seus sentimentos mereciam atenção. Essa atitude de cortesia ajudou-a a transmitir amor numa situação difícil.

Humildade

Normalmente, pensamos nos pais como autoridades, e a humildade não parece enquadrar-se nessa imagem. Mas a humildade verdadeira e a autoridade amorosa sempre caminham de mãos dadas. Para ajudar uma criança a crescer, precisamos estar dispostos a deixar de lado nossa necessidade de afirmação.

Por exemplo, Julie desceu ao nível de Caleb, até fisicamente, quando ele precisou de ajuda. O comportamento do filho tinha ferido seu orgulho. Ela se sentiu constrangida diante dos outros pais, mas decidiu não se importar com o que pensassem. O fundamental era o crescimento pessoal de Caleb e o modo como ele tratava a si mesmo e aos demais.

A humildade também nos leva a evitar uma das ciladas mais comuns perante os filhos: a culpa. Se vocês me perguntarem se estão agindo como pais perfeitos, responderei: não estão, pois nós nunca somos perfeitos. Mas se ficarem fixados nos próprios erros, irão desviar a atenção do principal: amar seu filho.

Se Julie tivesse se concentrado em todos os erros cometidos como mãe, jamais seria capaz de oferecer a Caleb um amor autêntico. Exercendo a humildade, concentrou-se no que o filho precisava naquele momento. Depois da apresentação, ela pode ter refletido sobre a melhor maneira de preparar o filho para lidar com a raiva. Humildade significa disposição de melhorar nossa capacidade como pais, sem assumir que somos totalmente responsáveis pelo comportamento do filho.

> A humildade reconhece nossas limitações
> como pais, mas não se fixa nelas.

Generosidade

A doação começa no dia em que nosso filho nasce e continua vida afora. Quando o amor é um estilo de vida, a doação se torna um dos gestos mais comuns em casa.

Julie deu a Caleb o tempo de que ele precisava para desabafar sobre seus sentimentos e tomar uma decisão acertada. Também mostrou que às vezes precisamos sacrificar algo importante pelo bem dos outros, ao abrir mão de sua reunião no dia da apresentação. Caleb, por sua vez, se sacrificou fazendo algo que não queria.

Generosidade não significa dar às crianças tudo o que desejam. Julie teria sido "generosa" permitindo que o filho deixasse de participar da apresentação, mas esta teria sido uma escolha egoísta.

Na vida diária, é difícil saber quando dizer "não" ao filho. A melhor maneira é fazer a si mesmo a seguinte pergunta: Estou dizendo "não" para o meu próprio bem ou porque desejo fazer do amor um estilo de vida?

Honestidade

As crianças não querem verdades açucaradas. Julie se sentiu tentada a dizer a Caleb "Eu sei que você vai se divertir muito" ou "A Sra. Horner me disse que está triste porque você não quer ir à apresentação". Essas pequenas mentiras talvez resolvessem mais rapidamente a questão, mas não teriam servido para tornar mais sólido o relacionamento entre mãe e filho, e sobretudo não teriam ensinado a Caleb a importância da verdade. Caleb poderia *não* se divertir na apresentação, e a Sra. Horner não expressar qualquer tristeza ligada à ausência de Caleb. O menino precisava descobrir com a própria experiência que, embora as coisas não fossem como queria, provavelmente ele se sentiria melhor se cumprisse seu compromisso. Julie também foi honesta quando Caleb a magoou. Ele precisava aprender que suas palavras tinham o poder de ferir.

Se você se esquece de comparecer ao recital de piano do filho e diz a ele que ficou preso no engarrafamento, ou se está cansado de jogar bola e mente alegando que precisa dar um telefonema, está ensinando a seu filho que é certo mentir para exercer sua vontade ou para se proteger. Você é a primeira pessoa no mundo em quem seu filho confia. Um relacionamento saudável entre pais e filhos não pode ser construído com base em mentiras.

George Bernard Shaw certa vez escreveu: "As crianças mais bem criadas são as que veem os pais como realmente são. A hipocrisia não é o primeiro dever dos pais." Pais amorosos não mentem para encobrir erros ou para escapar de situações desagradáveis com os filhos. Suas palavras, ações e atitudes, dentro e fora de casa, têm consistência.

Um amor poderoso

A escritora Elizabeth Stones escreve que ter um filho é como ter "o coração andando fora do corpo". As crianças sabem exatamente como nos irritar, agradar e comover. Elas têm a capacidade de despertar o melhor ou o pior do que existe em nós. Cabe a nós deixá-las despertar o melhor e evitar que tragam à tona o pior. Como em todo relacionamento, não podemos depender das ações de nossos filhos para demonstrar amor. Quando fazemos do amor um estilo de vida, buscamos educá-los para seu próprio benefício e para a satisfação de constatar do que o amor é capaz no coração de outra pessoa.

Personalizando

Questões para discussão e reflexão

1. Como suas experiências quando criança influenciam seu comportamento em relação a seus filhos?
2. Cite uma das suas maneiras preferidas de expressar amor a seu filho. Por quê?
3. Quando é mais difícil para você demonstrar amor autêntico a seu filho?
4. Como costuma reagir quando se sente culpado por algo que disse ou fez a seu filho?

Opções práticas

1. Pense num conflito recorrente que tem com seu filho. Como seria reagir nessa situação usando um dos sete traços de amor? Examine os traços um a um, como fizemos anteriormente, e veja como essas características podem mudar suas reações, no futuro.
2. Você estaria disposto a fazer a seu filho as seguintes perguntas, levando a sério as respostas? (Sugiro uma pergunta por semana)
   a. O que posso fazer para ajudá-lo?
   b. Diga uma maneira de eu me tornar um pai/mãe melhor.
   c. O que gostaria que eu ensinasse a você este mês?
   d. O que você gostaria que eu parasse de fazer?

CAPÍTULO 11

Tornar o amor um estilo de vida no local de trabalho

Pequenas gentilezas, pequenas cortesias, pequenas atenções habitualmente praticadas... dão maior charme à personalidade do que a exibição de grandes talentos e realizações.

– MARY ANN KELTY

Ramona fitou o e-mail de Jeff, endereçado aos departamentos de marketing, design e produção. "Com satisfação anunciamos a festa de lançamento do novo monitor Tomkins, na próxima quarta-feira, às 10 horas, na sala de reuniões. Visando a nossa preparação para a feira de negócios, demonstraremos o produto e faremos uma dinâmica de grupo para discutir novas formas de implementar nossas estratégias de marketing, com base no desenho exclusivo do produto. Depois, celebraremos a chegada desse novo e excepcional equipamento que vem sendo ansiosamente aguardado." Com a assinatura, vinham alguns comentários positivos.

Ramona empalideceu, louca de raiva. Relacionar-se com Jeff era como pisar num terreno minado. Ele tinha expectativas irreais. Impunha as próprias ideias sem ouvir. Fazia comentários aparentemente elogiosos, mas que derrubavam os outros. Em seus melhores momentos, Ramona reconhecia que Jeff era competente no trabalho e tentava dar o melhor de si. Mas ela não estava em um de seus melhores momentos. Pegou o telefone. Colocou-o novamente no gancho. Levantou-se e em seguida sentou-se. Depois, levantou-se de novo, entrou no escritório de Tim, no outro lado do corredor, e fechou a porta. Tim girou na cadeira com um olhar sagaz.

– Já sei. Acabei de ler.

– Esse e-mail é outra prova de que Jeff não ouve. Eu disse a ele na semana passada que só estaríamos prontos para a reunião de lançamento dentro de um mês, pelo menos. Jeff simplesmente não entende. Estou cansada de ouvi-lo dizer que estamos sempre atrasados. Só para se sair bem, ele faz tudo parecer culpa nossa. Eu não o vejo no escritório às oito da noite, quando ainda estou aqui trabalhando.

– Eu sei – disse Tim. – Ele sempre nos massacra, sem fazer ideia do que é estar deste lado do processo. Se apresentarmos o monitor no dia que ele marcou, não teremos chance de resolver o problema técnico antes de começarmos a receber os pedidos.

Eles ergueram o rosto quando a gerente, Meghan, bateu na porta e entrou.

– Só queria dar isto a vocês – disse, entregando a Tim uma pasta de papelão.

– Obrigado. Ei, você viu o e-mail de Jeff?

– Vi sim. Vou conversar com ele agora mesmo. Acho que não vamos ter tudo pronto na quarta. O que vocês acham?

Tim e Ramona se entreolharam satisfeitos.

– Estávamos conversando sobre isso – disse Ramona. – Jeff parece ter problemas com detalhes, não é? Ou, talvez, simplesmente não preste atenção.

– Bem, depois eu conto o que aconteceu – disse Meghan fechando a porta.

– Para mim chega – disse Ramona assim que Meghan saiu. – Precisamos explicar a ela por que Jeff não deve ocupar esse cargo. – Tim e Ramona confabularam mais alguns minutos, discutindo os defeitos do presunçoso colega de trabalho.

Logo Meghan voltou a bater à porta.

– Só para avisar que conversei com Jeff. Vamos adiar o lançamento para o mês que vem. Isso nos dará tempo para nos organizarmos e Mark poderá participar, pois estará de volta.

– Jeff nem sabia que Mark estaria fora?

Meghan levantou a sobrancelha.

– Jeff antecipou a reunião porque sabia que vocês queriam que Mark participasse e ouviu dizer que ele estaria disponível. Faz tempo que não vejo Jeff tão animado com um projeto. Ele está louco para lançar o produto.

– Suponho que ele não soubesse que o departamento de produção ainda precisa resolver o problema da bateria. – Ramona tentava demonstrar tolerância tanto ao equívoco de Jeff quanto à ineficiência da produção.

– Ele está a par do problema, mas achou que teríamos material suficiente para prosseguir. Comentou que vocês conversaram sobre isso a semana passada.

Ramona hesitou. Não estava disposta a fazer concessões a Jeff.

– Conversamos sobre a *possibilidade* de nos reunirmos antes, mas concordamos que seria melhor adiar a reunião.

– Bem, não foi isso o que ele entendeu. Mas deixa para lá, já está tudo resolvido. Ele vai mandar outro e-mail daqui a pouco.

Meghan estava prestes a sair quando Ramona a chamou.

– Estávamos justamente conversando sobre como esse tipo de coisa sempre acontece com Jeff – sussurrou. – Você concorda?

– Não, não necessariamente. Sei que Jeff às vezes fala sem pensar. Quando se concentra numa coisa é difícil ouvir outra. Mas ele é um ótimo profissional. Nossas vendas aumentaram no último trimestre graças a ele. – Meghan sorriu e saiu, dessa vez deixando a porta aberta. Ramona ficou arrasada. Aparentemente, Jeff não iria embora tão cedo.

– É isso aí. Melhor voltar ao trabalho. – Ao retornar, leu novamente o e-mail. O problema com a reunião podia estar resolvido, mas sabia que nunca chegaria a gostar de Jeff. Talvez, na próxima ocasião, ele não conseguisse se safar tão facilmente. Sacudiu a cabeça e deletou o e-mail.

Qual o meu potencial de amor no trabalho?

Numa escala de 0 a 10, sendo 10 o mais positivo, classifique suas demonstrações das seguintes características do amor em relação a seus colegas de trabalho, na semana passada. (Você pode pensar apenas em uma pessoa, como um colega mais próximo ou alguém de quem discorde com mais frequência). Mantenha seus pontos fortes e fracos em mente, ao ler o resto do capítulo.

_____ Gentileza
_____ Paciência
_____ Capacidade de perdoar
_____ Cortesia
_____ Humildade
_____ Generosidade
_____ Honestidade

O chamado para o verdadeiro sucesso

Relacionamentos no trabalho podem desafiar nossas melhores intenções de viver os sete traços das pessoas capazes de amar. Muitos, se não todos os nossos colegas, são pessoas com quem não escolheríamos passar 8 (ou 10 ou 11) horas por dia. Mesmo assim, muitos de nós passamos mais tempo com eles do que com nossas famílias.

Os relacionamentos entre colegas de trabalho têm grande potencial de ampliar nossa capacidade de amor, pois nos convidam a reconhecer o valor de pessoas com diferentes prioridades, personalidades, necessidades pessoais profundas e, por vezes, agendas sobrecarregadas. Ao mesmo tempo, enfrentamos o estresse ao lidar com chefes exigentes, clientes impacientes e prazos apertados. Podemos não pensar no trabalho como um lugar para demonstrar amor, mas quando nos dispomos a construir relacionamentos confiáveis com nossos colegas, encontramos motivação para transformar em hábito cada um dos sete traços do amor.

Gentileza

Fomos treinados a lutar pela promoção, não a ceder a vez. A ambição profissional não é errada. Querer causar boa impressão ao chefe, irritar-se quando alguém derruba uma grande ideia nossa e buscar todas as oportunidades possíveis para mostrar nossas qualidades fazem parte da rotina de trabalho. O problema está no fato de que é tentador usar os fracassos dos outros para ressaltar nossos feitos, assumir o crédito de algo que outra pessoa fez e agir como se alguém num cargo inferior não contasse.

Obter sucesso na carreira e fracassar nos relacionamentos é uma péssima troca. As preocupações que nos absorvem a atenção não justificam qualquer gesto que desmereça outras pessoas ou que destrua relacionamentos que poderiam nos trazer benefícios profissionais mais adiante.

Uma das melhores maneiras de desenvolver uma atitude gentil no ambiente de trabalho é *imaginar o melhor* das pessoas com quem trabalhamos. Em vez de levar o e-mail de Jeff ao pé da letra, Ramona o considerou um ataque pessoal. Leu naquelas palavras todas as coisas negativas que sabia a respeito dele, em vez de lhe conceder o benefício da dúvida ou procurar ver a situação do ponto de vista do colega. Em outras palavras, estava sempre atenta para flagrá-lo em erro.

Ramona parecia não ter consciência de que ser gentil com os

outros na verdade proporciona sucesso profissional. Quando agimos por amor, os colegas de trabalhos têm mais propensão a retribuir. Se você deseja que seu supervisor esteja mais atento às necessidades do departamento, aja como se ele realmente estivesse. Se desejar que sua colega tenha mais confiança nas próprias ações, aja como se ela desempenhasse bem suas responsabilidades. Jeff provavelmente respeitará Meghan no futuro, pois ela o respeitou. A gentileza nos leva a disciplinar nossa mente, a fim de compreender que o sucesso profissional e pessoal podem coexistir.

> Sucesso nos relacionamentos costuma
> promover sucesso profissional.

Paciência

É preciso paciência para deixar de lado a raiva e ouvir a opinião do outro. Meghan mostrou a Tim e a Ramona como lidar com uma situação de conflito em potencial. Colher informações, procurar a pessoa envolvida e resolver a questão demorou bem menos tempo do que se irritar com os defeitos de alguém.

Pequenos conflitos levam a explosões de raiva, sentimentos feridos e ineficiência. Essa não foi a primeira nem a última vez que Ramona discordou das decisões de Jeff. Ele não era propriamente a pessoa com quem Ramona se dispusesse a ter paciência.

"Paciência" não é "paciência" se tem um limite. Jeff tinha defeitos e manias, mas ele poderia dizer o mesmo a respeito de Ramona. Até Ramona aceitar que tanto ela quanto Jeff estão *em um processo de crescimento*, sempre encontrará motivos para se zangar com o colega.

Coloque mais de uma personalidade e opinião numa sala e haverá chance de conflito. Coloque 4, 5 ou 25 num departamento e, com certeza, haverá controvérsias. Quando escolhemos negociar irritações e perdoar erros, somos capazes de perceber a diferença entre um comportamento errado e uma simples divergência.

Uma atitude de perdão levaria Ramona a distinguir essa diferença em seu relacionamento com Jeff. Se ela acreditava que ele agira mal, o amor autêntico a levaria a procurá-lo para explicar seu ponto de vista e ouvir o dele, disposta a compreendê-lo e desculpá-lo. O amor também a levaria a desculpar-se pelo modo como interpretara a situação.

Pedir desculpas no ambiente de trabalho é difícil, pois nos coloca numa posição vulnerável. E se o chefe descobrir que cometemos um erro? E se a pessoa a quem pedimos desculpas nunca nos deixar esquecer isso? Precisamos agir com discernimento e sabedoria quando se trata de nos reconciliarmos com colegas de trabalho difíceis ou não confiáveis. O mais importante é comunicar, com palavras e atitudes, que reconhecemos o valor da outra pessoa.

Se você se zanga por ter que fazer o serviço de um colega que chega sempre atrasado, sua raiva vai se interpor em seu relacionamento com ele e provavelmente irá repercutir no modo como você se relaciona com os clientes. Não se trata de aceitar os atrasos do colega, mas de confrontá-lo movido pelo amor autêntico para criar um ambiente de trabalho mais produtivo e saudável.

Cortesia

A lista de cortesias comuns no local de trabalho é tão comprida quanto listas referentes ao seu lar. Cortesia significa não falar alto ao celular, nem deixar ligados toques exóticos. Significa chegar no horário, para que o colega não tenha que fazer o seu trabalho. Como Meghan mostrou, cortesia significa bater na porta ao entrar numa sala, respeitar a privacidade do funcionário e elogiar os esforços para atingir um bom desempenho e eficiência. Quando você precisa fazer uma crítica ou comentar o trabalho de alguém, faça-o com respeito.

Talvez uma das formas mais importantes de demonstrar cortesia no ambiente de trabalho seja evitar cair na mais comum das armadilhas: a fofoca. O escritor Walter Wangerin Jr. diz: "Fofoca é como uma guerrilha: ataca e rapidamente desaparece, sem dar possibilidade para um autêntico combate." Pequenos comentários são capazes de plantar sementes de destruição. Comentários aparentemente banais podem vir cheios de veneno e insinuações que magoam os outros, os prejudicam profissionalmente e destroem relacionamentos.

Ramona provavelmente teria chamado sua conversa com Tim de desabafo ou, para dar um verniz mais aceitável, de uma maneira de descobrir como agir naquela situação. Todos precisamos falar de vez em quando sobre o nosso trabalho, principalmente quando as coisas não vão bem. O ideal é dirigir-se diretamente à pessoa com quem surgiu o problema. Se você simplesmente quer desabafar, é melhor conversar com um amigo que não trabalhe no mesmo lugar. Antes da conversa, pergunte a si mesmo: "Falar sobre essa pessoa me ajuda a gostar mais dela? Estou fazendo com que meu interlocutor tenha uma ideia melhor ou pior do meu colega?"

É claro que, por vezes, precisamos falar com colegas ou chefes sobre outro funcionário. Mas por maior que seja a nossa raiva, a cortesia nos leva a falar sobre um outro como alguém que respeitamos, não a procurar formas de demonstrar nossa superioridade. Amigos querem que os amigos sejam bem-sucedidos. Quando for especialmente difícil elogiar alguém, tente expor a informação necessária da forma mais objetiva possível, e nada mais. Meghan poderia ter aderido à queixa dos dois sobre Jeff, mas simplesmente expôs os fatos.

Se quiser praticar a cortesia no trabalho, elogie os colegas na ausência deles, falando de algo positivo que fizeram. Habitue-se a agir como se a pessoa que mais o enlouquece fosse uma amiga. Procure olhar com distanciamento e veja a diferença que faz. Sei que não é nada fácil, mas tenho certeza de que é o melhor caminho.

Humildade

Divergências no local de trabalho testam o nosso orgulho mais intensamente do que a maioria das situações em família ou entre amigos. Todos desejamos mostrar um bom trabalho e obter reconhecimento, aumentos salariais e promoções. Por isso é difícil aplaudir quando outra pessoa ganha elogios, dinheiro, a melhor mesa ou a promoção que almejávamos. Quando nos sentimos inseguros no trabalho, ficamos mais propensos a agarrar qualquer oportunidade de mostrar serviço.

Ramona teve diversas chances de demonstrar humildade em sua conversa com Meghan acerca de Jeff, mesmo expressando sua frustração. Poderia ter reconhecido que estavam atrasados e precisavam de um prazo maior do que o estabelecido originalmente. Poderia ter expressado satisfação por Jeff ter planejado o lançamento. Poderia ter elogiado o que ele vinha fazendo e admitir que, algumas vezes, ela reagia de forma exagerada diante de sua atitude. A humildade a convidava a se colocar no lugar de Jeff, não a julgá-lo a partir de sua posição. Seu objetivo final, na verdade, era mostrar poder e superioridade, e conseguir a demissão de Jeff.

Meghan, ao contrário, agiu com humildade, embora fosse ela quem detivesse realmente o poder. Respeitou Jeff, falando diretamente com ele, não pelas costas. Não se preocupou em mostrar que seu departamento trabalhava mais e melhor que o dele.

A humildade em sua forma radical nos leva a valorizar o sucesso dos outros e a elogiá-los. Isto não apenas parece difícil – *é muito* difícil. Por isso, precisamos praticar.

Generosidade

A atitude generosa no trabalho nos leva a compartilhar nosso tempo, habilidades e atenção para despertar o melhor nos outros.

Meghan não conversou sobre Jeff com os outros. Dirigiu-se a ele diretamente, o que não apenas foi uma opção de amor, por demonstrar respeito, mas uma escolha profissionalmente acertada. Gastar cinco minutos para esclarecer a situação poupa tempo e energia.

Ser generoso no trabalho também significa tomar cuidado para não acumular informação desnecessariamente. Ramona estava disposta a culpar Jeff por algo mínimo, como desconhecer a viagem a negócios de outro colega. A pouca informação que tinha sobre alguém lhe dava uma ligeira vantagem sobre Jeff. Por vezes, somos responsáveis por informações sigilosas e precisamos manter segredo. Mas é muito fácil, num ambiente em que reina a ambição, omitir informações que nos dão poder e só compartilhá-las quando o poder precisa ser exercido. Um espírito generoso se comunica de modo a ajudar os outros a darem o máximo de si.

Ser generoso significa desempenhar nossas tarefas da melhor maneira possível. Agir de modo eficiente, adequado e sensato no trabalho é sempre uma forma de amar os outros.

Ter um inimigo no trabalho despende tempo e energia.

Honestidade

A não ser que tenhamos escolhido agir de acordo com as sete características do amor, corremos sempre o risco, em ambientes de trabalho, de resvalar para a mentira. Até ser confrontada, Ramona deixou de mencionar que ela e Jeff haviam conversado sobre a possibilidade de anteciparem a reunião. Provavelmente não lhe ocorreu dar essa informação, pois estava determinada a apontar o comportamento inadequado de Jeff. A honestidade verdadeira no trabalho significa não contar mentiras acerca dos outros, não maquiar informações para encobrir um erro e não distorcer a verdade em benefício próprio.

Ser honesto no ambiente profissional também significa não deixar de elogiar alguém só para obter vantagem. Quando temos o propósito de ser verdadeiros com palavras, atos e pensamentos, as palavras de estímulo nos brotam do coração. Essas manifestações de apreço autênticas beneficiam o outro.

A alma do trabalho

Muitas pessoas têm colegas de trabalho como melhores amigos. E quando adversários em potencial desenvolvem amizade ao longo do tempo, o relacionamento é particularmente rico e satisfatório.

Mais do que a tecnologia instalada em nossas mesas, os relacionamentos ainda são a alma do trabalho. Se você precisa de uma razão para demonstrar amor autêntico em sua empresa, pense nisso: a opção de valorizar as pessoas no dia a dia acaba por levar a melhores relações entre funcionários e clientes, maior produtividade e menor rotatividade. Quando as sete características do amor se tornam hábitos cotidianos, construímos relacionamentos que trazem verdadeira satisfação profissional. Encontramos alegria, não apenas no que os outros fazem, mas também em quem são.

Personalizando

Questões para discussão e reflexão

1. Qual dos sete traços do amor você considera menos presente em seu ambiente de trabalho? Por quê?
2. Qual dos sete traços do amor é mais difícil para você demonstrar no trabalho? Por quê?

Opções práticas

1. Existe alguém de quem você tenha raiva no trabalho? Que tal libertar-se dessa raiva? Você quer fazer isso? Por quê?
2. Há alguém no escritório a quem você deva pedir desculpas? Quais são os seus maiores medos, ao pedir desculpas?

3. Quando foi a última vez que você fofocou sobre alguém no trabalho? O que pode fazer para perder esse hábito?
4. Pense num conflito recente com alguém no trabalho. Como teria sido, para você, demonstrar, durante o conflito, cada um dos sete traços das pessoas capazes de amar?
5. Pense em três pessoas com quem trabalha diretamente. Qual a qualidade que mais gosta nelas? Como dizer-lhes isso esta semana?

CAPÍTULO 12

A motivação para amar

Quando pensar em sua vida, descobrirá que os momentos em que realmente viveu foram aqueles em que você agiu movido pelo espírito do amor.

– HENRY DRUMMOND

Era uma noite fria e chuvosa de novembro quando fui à ala de doentes terminais do hospital visitar Joe e Carolyn. Seis meses antes, os dois haviam marcado um encontro comigo para discutir o funeral de Joe. Por serem meus amigos, e por saberem que sou pastor, pediram-me que cuidasse de suas exéquias.

"Tenho câncer", disse ele naquela ocasião. "Vou lutar com todas as minhas forças, mas sei que há uma possibilidade de não vencer. Enquanto me sinto bem, quero tomar as providências para o meu funeral. Quando chegar a hora, não quero dar muito trabalho a Carolyn."

Agora, depois de meses de tratamento, a hora da partida de Joe parecia se aproximar. Um sorriso brotou no rosto do meu amigo ao ver-me entrar no quarto: "Estou tão contente porque você veio."

Pouco depois, disse: "Sou um homem privilegiado. Carolyn e eu passamos 47 anos juntos. Não foram perfeitos, mas foram bons. Temos cinco filhos e 13 netos de quem muito nos orgulhamos. Tive sempre bons empregos. Mudamos de cidade algumas vezes e fizemos amigos por onde passamos. Eu não poderia querer mais. Disse aos meus filhos que não se preocupem comigo. Estou pronto para partir. Vamos ver os detalhes finais do funeral, porque acho que você pode nos ajudar."

Nos 20 minutos seguintes ouvi, tomei notas e respondi a perguntas. Lá pelo fim do encontro, sugeri que orássemos juntos. "Eu adoraria", disse Joe. Ele me deu a mão esquerda, e a direita, a Carolyn. Segurei a mão de Carolyn sobre a cama. Oramos. No final da oração, ele soltou a minha mão, mas manteve a de Carolyn. Levando-a aos lábios, beijou-a e sorriu.

Procurando o amor

Quando deixei o quarto e caminhei para o carro, o pensamento continuava martelando em minha cabeça: "Quem dera todos os casais pudessem terminar sua jornada com tamanho amor!" Acredito que o ingrediente que falta aos casamentos ou a qualquer relacionamento fracassado é o tipo de amor autêntico que vimos neste livro. Por que irmãos se afastam? Por que amizades são rompidas? Por que atletas do mesmo time se empenham mais em sobressair do que em ajudar a equipe a vencer? Por que funcionários do mesmo grupo de trabalho acabam se atropelando para obter uma promoção? Em cada caso, é porque os envolvidos colocam o falso eu da vida egoísta à frente do verdadeiro eu, o da vida a serviço. Eles não conseguem perseverar na busca constante dos traços que constituem o amor real.

Nos capítulos precedentes, examinamos as qualidades do amor. Falamos de como essas qualidades brotam quando fazemos uma escolha consciente e deliberada de adotar o amor como um estilo de vida.

Agora quero falar de uma questão fundamental que se encontra por trás dessas características amorosas: o que faz com que a nossa motivação para amar seja maior do que a nossa motivação para a procura da satisfação pessoal? Como perguntei no início do livro: o amor é uma possibilidade real? É possível amar consistentemente na vida diária, apesar de nossa tendência a uma atitude egoísta? Se queremos ter sucesso em nossos relacionamentos, como Joe e Carolyn tiveram no casamento, onde encontraremos a capacidade de superar nossa natureza egocêntrica?

Um poder mais elevado

Milhares de alcoólicos se libertaram da dependência química dando os passos 1 e 2 do programa dos Alcoólicos Anônimos. Esses passos dizem: "Admitimos que éramos impotentes diante do álcool – que tínhamos perdido o domínio sobre nossas vidas. Viemos a acreditar que um Poder Superior a nós mesmos poderia nos devolver a sanidade."

A vida egocêntrica não é uma dependência química, mas um vício que nos leva a usar de qualquer meio para obter o que queremos. Ante cada transação e possibilidade de relacionamento, nossa tendência é perguntar "O que eu ganho com isso?" e agir em benefício próprio. Nesse tipo de vida, mesmo o que parece ser um ato de amor é motivado pelo desejo egoísta e assim torna-se manipulação, não amor.

Sem cessar, ouço o mesmo refrão: "Eu estou disposto a mudar se ela também se esforçar." Essa declaração pode soar razoável, mas nada tem a ver com amor. A abordagem "eu faço se você fizer" é baseada num contrato mental concebido com o fim de obter o que se deseja.

Essa escravidão egocêntrica está entranhada na alma humana e é difícil se livrar dela. Depois de três décadas trabalhando em aconselhamento, concluí que aqueles que conseguem fazer do amor um estilo de vida são os que reconhecem a necessidade de ajuda externa. Se formos honestos e autoconscientes, cada um de nós terá que admitir: "Não posso me tornar um ser verdadeiramente amoroso por conta própria."

Só o esforço próprio não tem poder para quebrar as correntes do egoísmo. Isso é verdade para qualquer relacionamento. Em minha própria vida, percebi com mais clareza essa realidade no relacionamento com minha mulher. Gostaria de compartilhar nossa história com você.

A vida egocêntrica é um círculo vicioso que pode ser rompido.

A jornada para o amor

Eu concluíra o curso universitário, o mestrado em antropologia e completara um ano de mestrado em estudos teológicos, antes de me casar. Estava perdidamente apaixonado por Karolyn e mal podia esperar pela felicidade que me aguardava depois do casamento.

Fantasiava como seria a vida de casado. Podia me imaginar voltando para casa no fim da tarde, depois de um dia duro de aulas, e encontrando minha mulher vindo até a porta para me cobrir de beijos. Depois eu me sentaria no sofá, onde descansaria enquanto ela terminava de preparar o jantar. Durante a refeição, nos olharíamos com ternura e conversaríamos sobre os acontecimentos do dia. Depois, eu a ajudaria a lavar os pratos e teríamos uma noite serena. Eu me sentaria à mesa para preparar meus trabalhos acadêmicos, e ela, no sofá, para ler um livro. Todas as noites, às 22h30, iríamos para a cama onde faríamos amor. A vida seria maravilhosa.

Se você é casado, posso imaginá-lo sorrindo, pois reconhece a própria fantasia no que escrevi. Ou talvez fique irritado com minha ingenuidade e presunção. Mal sabia eu que na mente da minha mulher dançavam visões diferentes de como seria a vida após o casamento.

Rapidamente, descobri que Karolyn não tinha o menor interesse em sentar-se no sofá e ler um livro enquanto eu completava minhas pesquisas. Ela preferia ir ao shopping ou comparecer a algum evento social onde podia interagir com outras pessoas. Em sua mente, 22h30 não era hora de ir para a cama, mas sim de relaxar, lendo um livro ou assistindo TV. Quando a via lendo no sofá, eu pensava: "Por que ela não lê seu livro enquanto eu preparo minhas aulas? Então poderíamos ir juntos para a cama." Logo aprendi que ir juntos para a cama não estava nos planos dela. O meu "fazer amor" não era o seu ideal de um final perfeito para um dia maravilhoso.

Nossos conflitos conjugais cedo vieram à tona. Ambos fomos tomados de surpresa pela mágoa e raiva recíprocas. Como era possível que os intensos sentimentos amorosos compartilhados no namoro tivessem se evaporado tão rapidamente, depois do casamento? Não tínhamos ideia de como resolver conflitos, até porque nunca imaginamos que fosse haver conflitos. As discussões se multiplicaram, e, com o tempo, comecei a ficar atormentado pelo pensamento de ter me casado com a pessoa errada. Tínhamos momentos agradáveis juntos, mas lá no fundo permaneciam todos os conflitos não resolvidos que criavam enorme distância emocional entre nós.

Enquanto isso, eu prosseguia nos meus estudos teológicos para tornar-me pastor. Mas o abismo entre meu objetivo vocacional e a natureza de nosso relacionamento conjugal aumentava cada vez mais. Eu achava difícil imaginar como poderia oferecer esperança a outros quando me sentia tão desesperançado em meu casamento. Houve dias e semanas em que mergulhei nos estudos, esperando que, depois de formado, as coisas ficassem diferentes. Mas no fundo sabia ser uma ilusão.

À medida que se aproximava o dia de minha formatura, quando eu abandonaria a torre de marfim da vida acadêmica e entraria no mundo real, eu ia ficando mais e mais frustrado. Em minha frustração, censurei Deus e o culpei por ter me metido num casamento impraticável. Afinal, eu não rezara pedindo Sua orientação antes de me casar? Então, por que ficara tão frustrado depois? Não Lhe pedira, todo o tempo, que nos ajudasse a encontrar um caminho para resolver nossas diferenças? Minhas preces pareciam inúteis. Estava furioso com Deus e não sabia como poderia ser um de Seus ministros.

Um amor visando servir

Por uns tempos, depois daquele dia em que me zanguei com Deus, as coisas pareceram melhorar um pouco. Eu e Karolyn tivemos conversas afetuosas e pudemos equacionar alguns de nossos conflitos. A aparente mudança, entretanto, não durou muito. Em poucas semanas, voltamos a discutir ou a sofrer em silêncio. Lembro-me do dia, várias semanas depois, em que eu disse a Deus: "Não sei mais o que fazer. Fiz o possível e as coisas não estão melhorando. Na verdade, parecem piorar. Não sei como posso ajudar alguém quando me sinto tão despreparado para mudar meu próprio casamento." Terminei minha oração com o mesmo refrão do começo: "Não sei mais o que fazer."

Ao terminar a oração, veio-me à mente uma história da Bíblia. Um dia antes de Jesus ser crucificado, quando celebrava a festa judaica da Páscoa com os seguidores mais próximos, num determinado momento, Jesus chocou seus apóstolos ao se levantar, encher uma bacia de água e lavar os pés de cada um. Este ato de serviço era usualmente reservado ao escravo mais ínfimo, por ser uma tarefa desagradável. (Você gostaria de lavar os pés de sujeitos que andaram de sandálias por estradas empoeiradas?) Ainda assim, Jesus, o líder do grupo e seu Senhor, deliberadamente executou esse ato humilde e amoroso, colocando-se a serviço.

Meu coração reconheceu nessa imagem a resposta de Deus à minha prece: "Este é o problema em seu casamento. Você não tem a atitude de Cristo em relação à sua mulher." Compreendi claramente a mensagem, por me lembrar do que Jesus dissera aos discípulos, ao final do lava-pés: "Compreendeis o que vos fiz? Vós me chamais Mestre e Senhor e dizeis bem, pois eu o sou. Se, portanto, eu, o Mestre e Senhor, vos lavei os pés, também deveis lavar-vos os pés uns aos outros. Dei-vos o exemplo para que, como eu vos fiz, também vós o façais." Em outra ocasião, Jesus lhes disse algo semelhante: "Quanto a vós, não deverá ser assim; pelo contrário, o maior dentre vós torne-se como o menor, e o que governa, como aquele que serve."

Esse encontro com Deus me emocionou profundamente, pois pude perceber que tinha achado a resposta. Eu não estava seguindo os ensinamentos de Jesus. Minha atitude nos primeiros anos de nosso casamento poderia ser resumida pelas palavras que, repetidamente, desta ou daquela maneira, eu dizia à minha mulher: "Olha, *eu* sei como é um bom casamento. Se você me ouvir, vai dar tudo certo." Karolyn não "me ouvia", e eu a culpava por nossa infelicidade. Mas, naquele dia, ouvi uma mensagem diferente. O problema não era Karolyn, e sim a minha atitude. Então eu disse a Deus: "Por favor, me perdoe. Apesar de todos os meus estudos de grego, de hebraico e de teologia, eu nada havia entendido. Por favor, me perdoe." Depois orei: "Conceda-me a atitude de Cristo em relação à minha mulher. Ensine-me a servi-la como Jesus serviu a seus seguidores."

Três perguntas que mudaram minha vida

Em retrospecto, essa foi a prece mais importante que já fiz pelo meu casamento, pois Deus mudou meu coração. Uma visão completamente nova abriu-se em minha mente, e eu me vi desempenhando um papel totalmente diferente. Eu não seria mais o rei, gritando ordens para a minha mulher e anunciando minhas expectativas em relação a ela. Em vez disso, me entregaria a atos de amor e gentileza destinados a enriquecer-lhe a vida e a ajudá-la a se tornar a pessoa que estava destinada a ser.

Três perguntas tornaram isso possível. Quando eu me mostrei disposto a fazer essas três perguntas, nosso casamento mudou radicalmente. São perguntas simples, mas me deram as informações necessárias para me tornar uma pessoa amorosa em relação à minha mulher:

1. O que posso fazer para ajudá-la hoje?
2. Como posso tornar sua vida mais fácil?
3. Como posso ser um marido melhor para você?

Quando me dispus a fazer essas perguntas, minha mulher se dispos a me dar as respostas com alegria e sem qualquer relutância. E quando permiti que suas respostas me ensinassem como lhe expressar amor de modo significativo, nosso casamento mudou drasticamente. Não foi da noite para o dia, mas em um mês vi mudanças no semblante de Karolyn e em sua atitude em relação a mim. Em três meses, ela começou a me fazer as mesmas três perguntas. Fiquei impressionado com as transformações em seu comportamento. Eu não esperava que nosso relacionamento pudesse mudar de modo tão positivo, tão rápido.

Não sabia, então, o que sei hoje, depois de tantos anos atendendo pessoas em meu consultório. ***O amor sempre estimula o amor.*** Como as pessoas precisam desesperadamente de amor, quando o recebem, aproximam-se naturalmente daquele que as ama.

Para ser uma pessoa mais amorosa, pergunte a quem você ama: Como posso servi-lo melhor?

A jornada do amor

Minha mulher e eu temos percorrido a estrada do amor há mais de 40 anos, e construímos um ótimo relacionamento. Eu lhe disse recentemente: "Se todas as mulheres do mundo fossem como você, jamais haveria divórcio." Por que um homem iria se separar de uma mulher que faz o possível para ajudá-lo? Meu objetivo, no decorrer de todos esses anos, tem sido amar minha mulher de uma forma cada vez melhor.

Quis compartilhar com vocês minha jornada pessoal rumo ao amor sem pretender me mostrar como um paradigma do ser amoroso, nem um modelo de experiência a ser imitado. Minha esperança é que minha vulnerabilidade possa ajudar algumas pessoas a descobrir a verdadeira fonte do amor e que com a ajuda de Deus possamos encontrar motivação e energia para mudar nossas atitudes e comportamento. Minhas tendências egoístas me levaram a colocar minhas necessidades em primeiro plano. Quando percebi como isso destruía meu casamento, voltei-me para Deus, que me motivou a desejar *servir* a Karolyn. Servir tornou-se um hábito deliberado.

Abordei o tema "casamento" neste capítulo porque essa é a área em que experimentei e observei as maiores mudanças. Mas muitos podem testemunhar o poder de Deus ajudando a recuperar relacionamentos aparentemente condenados. Quando pedimos a Deus motivação para amar alguém, sempre recebemos uma resposta.

Estou convencido de que quase todos nós precisamos de ajuda externa para mudar de atitude em nossos relacionamentos, seja no ambiente de trabalho, no supermercado, ou em casa. Não somos generosos por natureza, e duas pessoas autocentradas nunca desenvolverão um relacionamento amoroso. Até que sejamos tocados por um poder maior, continuaremos a viver na perspectiva "O que eu ganho com isso?", e será muito difícil fazer dos sete traços de amor um estilo de vida.

Não estou dizendo que pessoas sem religião não possam realizar esse amor. *Todos os seres humanos possuem a capacidade de amar*. Mas em quase todos o desejo de autopreservação é maior do que o de ajudar o próximo. A história da humanidade dá testemunho dessa realidade. No meu caso, admito com muita tranquilidade que preciso da ajuda divina para fazer do amor um estilo de vida. Mas atendo casais que, apesar de não terem a mesma crença que eu, procuram minha ajuda porque desejam realizar-se melhor no amor que os levou a unir-se. Não se conforme nunca: há maravilhosas oportunidades de uma vida amorosa feliz à sua espera. Vá em busca delas.

Dominar nosso egoísmo natural nos relacionamentos é um esforço contínuo. Meu relacionamento com Karolyn foi revolucionado quando percebi que não me comportava como se a amasse. Desde então, transcorridas décadas, preciso continuar a aprender o que significa servi-la. Acredite, nem sempre obtive êxito, mas continuo tentando.

Quando servir ao próximo se torna um hábito, percebemos logo qualquer desvio nosso em relação a esse hábito. Ao longo do tempo, vamos descobrindo toda a alegria que trazem os relacionamentos gentis, amorosos e íntimos construídos pela prática de servir. E essa alegria e prazer que sentimos fortalecem o hábito e nos transformam.

Quero persistir até o fim. Quero continuar praticando o amor autêntico e usufruindo as relações produzidas por esse amor. E, no final da jornada da vida, se eu for o primeiro a partir, desejo olhar nos olhos de Karolyn, sorrir e beijar sua mão.

Personalizando

Questões para discussão e reflexão

1. Procure encontrar a diferença entre o amor autêntico e o "estar apaixonado".
2. O que o motiva a amar o próximo?
3. Como você viu o egocentrismo estragar seus relacionamentos?

4. Amar é difícil para você? Em caso positivo, quando e por quê?
5. O que você pensa da ideia de que para vencer nosso egocentrismo nos relacionamentos precisamos da ajuda de Deus?
6. Como sua atitude em relação ao amor e aos relacionamentos mudou desde que você começou a ler este livro?

Opções práticas

1. Qual de seus relacionamentos você mais deseja enriquecer com o amor autêntico?
2. Quais dos sete traços das pessoas capazes de amar você acha que precisa desenvolver mais? Por quê?
3. Você estaria disposto a pedir ajuda divina para fortalecer essa característica em seus relacionamentos? Por quê?

Epílogo

Há alguns anos, eu caminhava pelo campus da Universidade da Virgínia, onde daria uma palestra. Ao passar pelo Cabell Hall Auditorium, parei para ler as seguintes palavras gravadas numa das entradas: "Você está aqui para enriquecer o mundo e se empobreceria se esquecesse dessa mensagem." (Woodrow Wilson). São palavras que capturam a essência da visão de mundo que tentei compartilhar com você nestas páginas.

Meu propósito, ao escrever este livro, é ajudá-lo a concentrar sua atenção na coisa mais importante do mundo: o amor ao próximo. É importante porque nada trará maior satisfação à sua vida e o realizará mais do que dar e receber amor autêntico.

Nos primeiros anos do século XXI, enfrentamos a ameaça do terrorismo global e de líderes déspotas que matam e aprisionam milhares de pessoas. Crimes causados por drogas e epidemias destroem a vida de muitos da nova geração. A instabilidade do casamento e dos relacionamentos familiares deixou milhões de seres humanos com cicatrizes emocionais. A pobreza extrema é a norma, em muitos países.

Alguns concluirão que, a cada dia, o mundo se torna mais sombrio. Mas gostaria de lembrar-lhe que, quanto maior a escuridão, maior a necessidade da luz emanada de uma vida de amor. Se as pessoas em nosso mundo puderem redescobrir o poder do amor em seus contatos cotidianos, poderemos substituir a escuridão pela luz, a doença pela cura, a pobreza pela subsistência e o rompimento pela reconciliação. Não é pura ilusão afirmar que o amor é capaz de vencer.

Acredito que Albert Schweitzer estava certo ao dizer: "Uma coisa eu sei: as únicas pessoas capazes de ser realmente felizes são as que buscaram e descobriram como servir." É meu desejo sincero que este livro o ajude a descobrir sua identidade como um autêntico ser capaz de amar e de deixar seu canto do mundo melhor do que o encontrou.

Questões e tópicos para discussão

1. Na introdução de *O amor como estilo de vida*, o Dr. Chapman descreve as duas respostas recebidas ao tentar trocar de lugar num avião. Qual seria sua resposta? É fácil para você ser um "amigo anônimo"? Como este livro mudou sua visão acerca do amor e da natureza humana?

2. Você hesitou em assinar o compromisso no final do primeiro capítulo? Discuta os obstáculos e os incentivos que desempenharam papel importante na sua decisão de embarcar na jornada do Dr. Chapman rumo ao amor.

3. O que descobriu sobre seus hábitos, ao responder ao teste inicial sobre a gentileza? Quais os exemplos de gentileza mais notáveis que encontrou quando começou a buscá-los conscientemente no mundo ao seu redor – em casa, no trabalho, entre amigos, família e em outros ambientes?

4. Que papéis a paciência e o orgulho desempenham em seus contatos diários? Qual deles costuma ser mais valorizado na cultura contemporânea?

5. Que novo critério você incorporou à sua vida, ao ler as histórias de perdão descritas no capítulo 4? Quais elementos do texto do Dr. Chapman desempenham papéis significativos em sua vida?

6. Como se sentiu a respeito de sua pontuação no teste "Sou cortês?" Quais as oportunidades que você tem de permitir que a

cortesia brote em sua casa, no local de trabalho e nos lugares que costuma frequentar – do supermercado ao estádio?

7. Surpreendeu-se com o retrato dos líderes empresariais apresentado no início do capítulo 6? Qual o maior desafio enfrentado, ao tentar encontrar a humildade genuína em você mesmo ou em sua comunidade? Qual a melhor maneira de reconhecer e realizar atos de verdadeira humildade, não aqueles baseados no desejo de receber elogios ou recompensas?

8. Ao longo de sua vida, como estabeleceu prioridades de tempo e dinheiro? Quais foram as pessoas, atividades e compras que ocuparam papéis prioritários para você? Quais dons de talento, tempo e apoio financeiro está disposto a oferecer agora? Quais são as pessoas que você mais deseja servir?

9. Discuta como a tentação da desonestidade afetou todos os níveis de sua vida, desde ser honesto consigo mesmo e com os que ama, até a questão da integridade no mundo.

10. Embora os relacionamentos românticos e o casamento sejam mais comumente associados ao amor, o Dr. Chapman descreve a dificuldade em manter um comportamento verdadeiramente amoroso, mesmo nessas relações. Como o conceito de "servir" muda a maneira como você encara o namoro e o casamento?

11. Você cresceu numa família que demonstrava o amor autêntico? Em relação a seus filhos ou à família em geral, o que pode fazer, hoje, para incentivar o hábito do amor autêntico nas gerações futuras? Como as recomendações do Dr. Chapman podem ajudar as crianças com quem convive?

12. Você via o ambiente de trabalho como uma oportunidade para demonstrar amor? Como o conceito de amor no comporta-

mento muda o modo como você encara suas relações profissionais?

13. Em sua opinião, quais as filosofias de amor apresentadas pelo Dr. Chapman que terão um impacto mais duradouro em seu futuro?

14. Quais das histórias pessoais apresentadas em *O amor como estilo de vida* mais se assemelham a suas experiências pessoais? Como os exemplos citados indicam que o poder do amor pode transformar a humanidade?

Agradecimentos

Este livro não teria sido escrito sem a colaboração de várias pessoas que me serviram de modelo de como encarar o amor como um estilo de vida. Meu primeiro gosto de amor veio de meus pais, Sam e Grace. Meu pai faleceu, mas ainda tento retribuir à minha mãe parte do amor que recebi. Karolyn, minha esposa há mais de quatro décadas, tem sido minha mais íntima fonte de amor. Ela fala minhas linguagens de amor, mesmo sem verbalizá-las. Meus dois filhos adultos, Shelley e Derek, me enchem de alegria quando constato que adotaram o amor como estilo de vida. Nada poderia ser mais gratificante para um pai.

Agradeço a Jim Bell que não apenas compartilhou da ideia para este livro, mas também me encorajou, insistentemente, a cada curva do caminho. Tricia Kube é minha assistente há 26 anos. Digitou o manuscrito e sempre cuidou de todas as tarefas administrativas do escritório para eu poder me dedicar à escrita. Kay Tatum foi de imensa ajuda no suporte técnico.

Durante o processo de escrita, Elisa Fryling Stanford me ajudou a trazer coesão ao manuscrito. Trace Murphy e a equipe editorial da Doubleday fizeram um trabalho excepcional ao moldar o produto final.

Quero também agradecer a todas as pessoas que compartilharam suas observações sobre o amor ao longo da estrada da vida. Em meus seminários e na Internet, solicitei histórias de pessoas que tivessem "surpreendido" outras expressando o amor como um estilo de vida. Afinal, são os exemplos da "vida real" que tocam nossos corações e nos motivam a aspirar ao amor. Sem a ajuda deles, este livro não teria vida. Espero que eles se sintam recompensados ao verem suas histórias encorajarem outras pessoas a buscar o amor como um estilo de vida.

Sobre o autor

GARY CHAPMAN é ministro religioso, conselheiro matrimonial e autor do best-seller *As cinco linguagens do amor*, que vendeu mais de quatro milhões de exemplares e foi o primeiro de uma popular série de livros sobre as linguagens do amor. Apresentador de um programa nacional de rádio e popular conferencista, mora em Winston-Salem, Carolina do Norte.

Informações sobre os próximos lançamentos

Para receber informações sobre os próximos lançamentos da Editora Sextante, basta cadastrar-se diretamente no site www.sextante.com.br

Para saber mais sobre nossos títulos e autores, e enviar seus comentários sobre este livro, visite o nosso site www.sextante.com.br ou mande um e-mail para atendimento@esextante.com.br

Editora Sextante
Rua Voluntários da Pátria, 45 / 1.404 – Botafogo
Rio de Janeiro – RJ – 22270-000 – Brasil
Telefone: (21) 2286-9944 – Fax: (21) 2286-9244
E-mail: atendimento@esextante.com.br